ECLAIRCISSEMENS

NECESSAIRES

TOVCHANT LES CONTESTATIONS QVI RESTENT

SVR LA DOCTRINE

DE IANSENIVS.

SECONDE PARTIE.

Où l'on fait voir en quoy consiste l'erreur, & la desobeïssance
de ceux qui soûtiennent cette Doctrine.

Pour servir de Réponse à vn écrit intitulé

DIXIE'ME MEMOIRE.

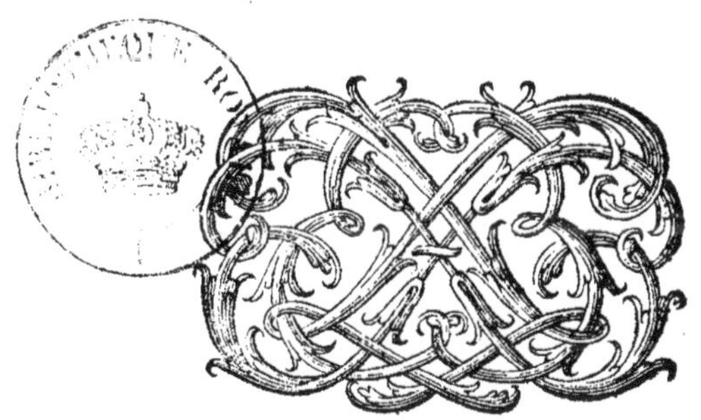

A PARIS,

Chez FLORENTIN LAMBERT, ruë Saint Iacques
devant S. Yues, à l'Image Saint Paul.

M. DC. LXVIII.

Avec Permißion.

ECLAIRCISSEMENS
NECESSAIRES

TOVCHANT LES CONTESTATIONS QVI RESTENT

SVR LA DOCTRINE

DE IANSENIVS.

SECONDE PARTIE.

Où l'on fait voir en quoy confiſte l'erreur, & la deſobeïſſance
de ceux qui ſoûtiennent cette Doctrine.

Pour ſervir de Réponſe à vn écrit intitulé DIXIÉME MEMOIRE.

A lumiere eſt inſuportable aux yeux malades, & la verité aux
eſprits qui ſont préoccupez de fauſſes opinions. Ils ne ſçauroient
ſouffrir qu'on diſſipe les tenebres volontaires qui les environnent,
ni qu'on leur découvre les égaremens où ils ſe ſont engagez.
I'avois eſſayé de rendre vn bon office aux Sectateurs de Ianſenius,
en leur faiſant voir combien deraiſonnables ſont les pretextes dont ils tâchent
de couvrir leur deſobeïſſance & leur obſtination : Ie leur avois donné divers
éclairciſſemens ſur ce ſujet ; mais ce moyen n'a pas eu l'effet que je ſouhait-
tois pour leur bien : vn Ecrivain de leur party s'eſt efforcé d'obſcurcir la verité
que j'avois miſe dans ſon jour : il a produit vn libelle intitulé *Dixiéme
Memoire*, rempli d'equivoques, de déguiſemens, de diſcours captieux ; il
n'y a pas oublié les injures, dont il ſe montre fort liberal ; & neantmoins
dans la Concluſion, il ſemble calmer vn peu ſon eſprit, il me fait vne priere
avec des paroles ſi preſſantes que j'ay crû ne luy devoir pas refuſer ce qu'il
me demande.

*Il me ſupplie par les entrailles de celuy qui eſt venu apporter la paix dans
le monde en y annonçant la verité, de répondre preciſément, expreſſement, & ſans
equivoque, à ce qui eſt dit dans la Concluſion de ſon écrit, autrement il proteſte,
que je ſeray convaincu de n'écrire ni pour la paix ni pour la verité, & de vouloir
obſcurir, & entretenir, & non pas eclaircir, ni finir les conteſtations.*

A

Cette Conclusion contient plusieurs chefs : Le premier & le principal auquel tous les autres se peuvent reduire, est qu'on fasse voir *en quoy consiste l'erreur & la desobeïssance de ceux qui soûtiennent la Doctrine du livre de Iansenius*, qu'on nomme pour ce sujet *Iansenistes*. Il ajoûte *que cela ne se peut faire qu'on ne leur donne vn moyen de se justifier également de l'vn & de l'autre.*

Ie souhaite de toute mon affection, que ce moyen soit efficace, & que ces Messieurs se justifient de la bonne maniere , en renonçant à leur erreur, & se soumettant sincerement au jugement de l'Eglise : & bien que i'aye grande raison de me deffier de leurs dispositions à prendre vne resolution si Chrestienne , je ne laisseray pas neantmoins de leur donner la satisfaction qu'ils me demandent, & ie feray voir si clairement *en quoy consiste leur erreur & leur desobeïssance*, qu'il faudra s'aveugler volontairement pour ne le point connoistre.

Mais comme l'Auteur du Memoire se plaist de reduire ses Discours en forme d'Argumens , qu'il employe toutefois assez inutilement pour me charger de diverses injures, sur lesquelles ie tâcheray de l'eclaircir dans la suitte de cét écrit. I'ay creu que pour m'accommoder à son humeur, ie pouvois me servir de cette mesme forme de discourir par raisonnemens : ce ne sera pas pour luy rendre injure pour injure, ni malediction pour malediction : ie luy donne tout l'avantage qu'il peut desirer en ce point, mais seulement pour luy faire mieux connoistre quelques veritez qui luy seront fort salutaires.

CHAPITRE PREMIER.

En quoy consiste l'erreur ou plûtost l'Heresie de ceux qui soûtiennent la Doctrine de Iansenius.

PREMIER ARGVMENT.

IE veux tirer cette premiere preuve des principes de saint Augustin, pour obliger ceux qui pretendent estre ses disciples, d'y faire vne attention plus serieuse. Ce saint Docteur leur remettra luy-mesme devant les yeux le mauvais estat où ils sont reduits par vne attache déreglée à leur propre jugement. Voicy comme il parle ,

Qui in Ecclesia morbidum aliquid pravumque sentiunt, & correpti vt sanum rectumque sentiant , resistunt contumaciter, suaque pestifera, & mortifera dogmata emēdare nolunt, hæretici cenfendi sunt. *August. l.* 18. *de Civit. cap.* 1.

Ceux-là doivent estre tenus pour Heretiques, qui, dans l'Eglise, ont des sentimens pervers & corrompus, & qui ayant esté repris, & avertis, d'en prendre de meilleurs, resistent avec contumace, & ne veulent point renoncer à leurs pernicieux Dogmes. Or c'est ce que font ceux qui s'obstinent à soûtenir la Doctrine du livre de Iansenius.

Donc ils doivent estre tenus pour Heretiques.

Cette conclusion est evidente. La premiere proposition estant de saint Augustin ne souffre aucune difficulté. Il reste à prouuer la seconde, & à faire voir trois points. 1. Que les Iansenistes ont des sentimens pervers & corrompus. 2. Qu'ayant esté repris & avertis ils resistent avec contumace. 3. Qu'ils ne veulent point renoncer à leurs pernicieux Dogmes.

Pour le premier, qu'elle plus grande perverſité & corruption ſe peut-il trouver dans les ſentimens de ceux qui ſe diſent Chreſtiens & enfans de l'Egliſe, que d'avoir des ſentimens oppoſez directement aux ſentimens de l'Egliſe : approuver ce que l'Egliſe condamne : preferer ſon jugement particulier à celuy de l'Egliſe : luy donner le démenty, & ſoûtenir avec vne étrange audace, qu'elle a impoſé à la verité, lors qu'elle a declaré que les cinq propoſitions condamnées contenoient en ſubſtance vn fidele extrait de la Doctrine du livre de Ianſenius : mépriſer ſes cenſures, & choiſir plûtoſt d'encourir ſa malediction que de ſe ſoûmettre à ſon jugement.

Pour le ſecond, depuis quinze ou ſeize ans que la Doctrine du livre de Ianſenius a été condamnée, combien a-t-on publié de Conſtitutions, & de Brefs des Souverains Pontifes ? Combien de Declarations, de Lettres, de Mandemans des Prelats de ce Royaume, ſoit dans leurs Aſſemblées generales, ſoit dans les Synodes particuliers ? Combien le Roy a-t-il envoyé de Lettres Patentes par toute la France ? Combien d'Arreſts de ſon Conſeil & de ſes Parlements ? le tout pour avertir, & pour obliger les Ianſeniſtes de ſe ſoûmettre : & neantmoins tout cela n'a pû fléchir leurs eſprits, ny vaincre leur obſtination ?

Enfin pour le troiſiéme, il eſt evident que les Ianſeniſtes ne veulent en rien démordre de la Doctrine du livre de Ianſenius. Ils ayment mieux s'expoſer aux anathémes & aux foudres de l'Egliſe, que de renoncer aux pernicieux Dogmes contenus dans ce livre. C'eſt ce que nous allons faire voir plus en particulier dans le ſecond Argument.

SECOND ARGVMENT.

CE v x-l a ſont dans l'erreur, qui ont des ſentimens oppoſez aux deciſions de l'Egliſe en matiere de foy, & s'ils s'obſtinent dans ces ſentimens, ils tombent dans l'Hereſie.

Or c'eſt ce que font ceux qui ſoûtiennent la Doctrine du livre de Ianſenius, comme il ſe peut evidemment connoiſtre, mettant en parallele ce que l'Egliſe a condamné, & ce qui ſe lit dans le livre de Ianſenius. Nous en rapporterons ſeulement icy quelques Extraits, d'où le Lecteur pourra juger de tout le reſte.

L'Egliſe condamne comme Heretique, impie, & blaſphematoire cette propoſition.

Quelques Commandemens de Dieu ſont impoſſibles aux hommes juſtes, lors meſme qu'ils veulent, & qu'ils s'efforcent de les accomplir, ſelon les forces qu'ils ont preſentes : & la grace leur manque, par laquelle ils ſoient rendus poſſibles.

Les Ianſeniſtes au contraire ſoûtiennent comme Orthodoxe & Catholique ce qui ſe lit dans le livre de Ianſenius.

Voicy ſes propres termes tirez du Tome troiſiéme, livre troiſiéme, Chapitre treiziéme.

Toutes ces choſes démontrent pleinement, & evidemment, qu'il n'y a rien de mieux étably, ny de plus certain dans la Doctrine de ſaint Auguſtin, qu'il y a quelques Commandemens, qui ſont impoſſibles aux hommes, non ſeulement infideles, mais auſſi fideles & juſtes, qui veulent, & qui tâchent de les garder selon les forces presentes qu'ils ont : & que la grace leur manque par laquelle ils sont rendus possibles. Car cecy est evident par l'exemple de saint Pierre, & de plusieurs autres qui sont tous les jours tentez au dessus de leurs forces.

Il faut remarquer sur cette proposition que Iansenius ne l'a pas mise en passant & par occasion, mais qu'il l'a proposée, comme vn Dogme, qu'il entreprend de prouver dans tout ce Chapitre, où il s'étend fort au long sur ce sujet.

L'on dira peut-estre qu'il pretend l'établir par l'autorité de saint Augustin, mais Calvin a pretendu aussi establir la pluspart des erreurs de son livre de *l'Institution*, par l'autorité du mesme Saint; & il n'y a point eu d'Heretique qui n'aye pretendu appuyer son heresie sur quelques autoritez de l'Ecriture, ou des Saints Peres, ce qui n'a pas empéché que l'Eglise n'ait condamné leurs Heresies, sans avoir égard à ce qu'ils alleguoient pour les prouver, parce qu'elle reconnoissoit que c'estoit non seulement contre la verité, mais aussi contre toute raison, qu'ils vouloient se prevaloir de l'Ecriture ou des Peres, dont ils entendoient mal les écrits, & souvent les falsifioient ou leur donnoient vn mauvais sens pour appuyer leurs erreurs.

L'Eglise condamne comme Heretique cette proposition.

Dans l'état de la nature corrompuë on ne resiste jamais à la grace interieure.

Et les Ianfenistes soûtiennent comme Catholique & Orthodoxe ce qui se lit dans le livre de Iansenius, c'est à sçavoir,

Que la nature de la grace medicinale de I E S V S - C H R I S T, est tres-efficace, qu'il n'y en a aucune qui manque d'avoir son effet; qu'elle l'opere infailliblement dans tous ceux à qui elle est donnée.

Que la grace & la bonne œuvre sont tellement reciproques, que de mesme, qu'on infere que la bonne œuvre doit estre faite, aussi tost, par ce que la grace a esté donnée : il faut au contraire conclure que la grace n'a pas esté donnée, parce que l'on n'a pas fait la bonne œuvre.

Et que quiconque tâche d'apporter aux hommes malades d'autres secours de la grace divine, lesquels ils puissent rejetter s'ils veulent, & ausquels ils puissent cooperer s'ils veulent, il ne fait autre chose, imprudent qu'il est, qu'aneantir l'effet du peché originel : & vouloir faire croire que les forces du libre-arbitre n'ont point esté blessées ; que I E S V S - C H R I S T est venu en vain, & qu'il est mort inutilement.

L'Eglise condamne comme fausse, temeraire, & scandaleuse cette proposition.

C'est estre Semi-Pelagien, de dire que I E S V S - C H R I S T est mort, ou qu'il a répandu son Sang generalement pour tous les hommes.

Elle declare la mesme proposition, Heretique, impie, blasphematoire, & injurieuse à la bonté de Dieu, estant entenduë en ce sens. *Que* I E S V S - C H R I S T *soit mort seulement pour le salut des predestinez.*

Et les Ianfenistes soûtiennent comme Catholique & Orthodoxe ce qui se lit dans Iansenius : c'est à sçavoir,

Que c'estoit ce que les Pelagiens & Semi-Pelagiens disoient & inculquoient, que I E S V S - C H R I S T *estoit le Redempteur de tous, qu'il avoit esté crucifié, & qu'il estoit mort pour tous. De sorte qu'il y avoit dequoy s'estonner que les Theologiens de ce temps, prennent tant de peine d'employer les mesmes discours*

& de

& de vouloir ramasser le debris de ces vieilles armes des Heretiques, pour s'en servir.

Qu'il n'est en aucune maniere conforme aux principes de saint Augustin, de croire que IESVS-CHRIST, soit mort, qu'il ait versé son Sang, qu'il se soit donné pour le prix de la Redemption, qu'il ait prié son Pere, pour le salut eternel des infideles, qui meurent dans leur infidelité, ou des Iustes qui ne perseverent point en la justice; que selon l'opinion de ce saint Docteur, il n'a non plus prié son Pere pour la redemption eternelle de ceux-là, que pour celle du Diable.

Que suivant la doctrine des Anciens, IESVS-CHRIST n'a pas souffert, & n'est pas mort generalement pour tous, car ils ont enseigné qu'il falloit rejetter cela comme erroné & contraire à la Foy Catholique. Il est mort seulement pour ceux qu'il a predestinez, & ausquels il a donné la Foy, la Charité, & la Perseverance : Il s'est donné pour ceux-là comme pour ses vrayes oüailles, pour son vray peuple, qui devoit estre absolument sauvé : il a esté la propitiation pour effacer entierement tous leurs pechez, & pour les ensevelir dans vn oubly eternel : il a prié son Pere pour les délivrer de tout mal, & non pas pour les autres qui meurent dans l'iniquité, apres avoir perdu la Foy & la Charité.

Voylà donc ce que l'Eglise condamne, & ce que les Iansenistes approuvent & soûtiennent : il ne s'agit point icy de distinctions, ny de subtilitez Scolastiques, il ne faut qu'avoir des yeux, & vn peu de bon sens pour connoistre l'opposition formelle qui se trouve entre les Decisions de l'Eglise, & les sentimens des Iansenistes : & apres cela comment peuvent ils dire qu'ils condamnent sincerement ce que l'Eglise condamne, qu'ils luy sont parfaitement soûmis en ce qui concerne les Dogmes de la Foy, demeurant toûjours attachez avec obstination à vne doctrine qu'elle condamne comme heretique & impie.

En verité on peut tromper les autres, on se peut tromper soy-mesme, mais on ne sçauroit tromper Dieu.

CHAPITRE II.

En quoy consiste la desobeyssance des Iansenistes.

PREMIER ARGVMENT.

CEvx-la sont coupables devant Dieu de desobeyssance; qui refusent de se soûmettre aux ordonnances de leurs Superieurs, lors qu'ils leur commandent ce qu'ils ont droit de leur commander, & qu'il ne se trouve rien dans leurs commandemens qui soit contraire à la Loy de Dieu.

Or c'est ce que font les Iansenistes, quand ils refusent de souscrire le Formulaire.

Donc ils sont coupables du peché de desobeyssance.

La premiere proposition de cet argument, est enseignée par Saint Thomas, & par tous les Theologiens.

Pour la seconde, l'vsage ancien de l'Eglise nous apprend, que l'on se servoit

mortuus) jam olim ad nauseam vsque à Pelagianis, pretertim que à Massiliensibus inculcatum fuit vt mirum si: recentiores tanto studio trita hæreticorum arma colligere, & obsoleta recudere. *Jans. to. 3. lib. 3. cap. 21.*

Nullo modo principiis Augustini côtentaneum est vt Christus Dominus vel pro infidelium in infidelitate morientiũ, vel pro justorum non perseverantiũ çterna salute, mortuum esse, sanguinem fudisse, semetipsum redemptionem dedisse, patrem orasse sentiatur : ex quo factum est, vt juxta sanctissimum Doctorem, non magis patrem pro æterna liberatione ipsorũ, quam pro diaboli, deprecatus fuerit. *Id. ibid.*

Nec enim iuxta doctrinã antiquorum, pro omnibus omnino Christus aut morrtuus est; aut pro omnibus sanguinem fudit: cum hoc potius â quam errorem & à catholica fide ab horrens doceant esse respuendum; sed pro iis solum quibus dare prædeltinavit fidẽ & charitatem & in ea perseverantiã, pro quibus tanquã pro veris ovibus suis, vero populo suo, tanquam absolute salvando, semetipsum dedit, ac tradidit, pro storũ peccatis omnibus omnino delendis & æterna oblivione sepel.ẽdis, propitiatio est. Pro istis in æternum vivificandis mortuus est: Pro istis ab omni malo liberandis, rogavit patrem suum : non pro cœteris qui à fide & charitare deficientes in iniquitate moriuntur. *Id. ib.*

ordinairement des foufcriptions, lors qu'il s'agiffoit de la condemnation des nouvelles herefies : que les Souverains Pontifes ordonnoient ces foufcriptions : qu'on eftoit obligé de leur obeïr : & par confequent fi le Pape a eu droit d'enjoindre la foufcription du Formulaire, comme vne pratique conforme à l'vfage de l'Eglife, les Ianfeniftes ont eu obligation de luy obeïr, & refufans de le faire, ils commettent le peché de defobeïffance.

Ils auront fans doute recours à leur defaite ordinaire, qu'il ne s'agit que d'vne queftion de fait, en laquelle ils ne font pas obligez de fe foumettre.

Mais pour ne rien dire icy davantage fur ce fujet, dont il fera parlé en fon lieu, où eft-ce qu'ils ont leu, dans l'Ecriture Sainte où dans les Peres, qu'on foit difpenfé d'obeïr à l'Eglife quand il s'agit d'vne queftion de fait ? Quand IESVS-CHRIST a dit *que celuy qui ne voudra point écouter l'Eglife pour luy obeïr, doit eftre tenu pour vn infidele & vn reprouvé* Il n'y a ajoûté aucune exception ; ces divines paroles ont toûjours efté fimplement entenduës, & fincerement obfervées par tous les Saints.

Mais les Ianfeniftes mefme reconnoiffent que dans ce refus qu'ils font de fe foûmettre au jugement de l'Eglife, touchant la foufcription du Formulaire, on peut les blâmer de temerité, en ce qu'ils prefument avoir plus d'efprit & de lumiere pour l'intelligence d'vn livre, que les Papes, les Evefques, les Docteurs, & toute l'Eglife.

Que fi par leur propre confeffion il y a de la temerité, il n'y a donc pas de la raifon, à refufer d'obeïr, & par confequent leur defobeïffance eft inexcufable.

SECOND ARGVMENT.

CEvx qui refiftent aux puiffances ordonnées de Dieu, refiftent à l'ordre eftably de Dieu, & font du nombre de ceux dont parle faint Paul, quand il dit, *qui autem refiftunt ipfi fibi damnationem acquirunt.*

Or les Ianfeniftes refiftent aux puiffances ordonnées de Dieu, lors qu'ils refufent d'obeïr aux commandemens qui leur ont efté fouvent reïterez de la part du Roy, qui par fes Lettres Patentes, & par les Arrefts de fon Confeil & de fes Parlemens leur a ordonné de fe foûmettre aux Conftitutions des Papes, & de foufcrire le Formulaire.

Donc ils refiftent à l'ordre étably de Dieu, & ils font du nombre de ceux dont parle Saint Paul, quand il dit, *Qui autem refiftunt ipfi fibi damnationem acquirunt.*

Il n'y a aucune apparence que les Ianfeniftes ofent dire que le Roy ordonnant qu'on fe foûmette au jugement de l'Eglife, a commandé vne chofe contraire à la Loy de Dieu, puis que c'eft Dieu-mefme qui commande d'obeïr à l'Eglife : Ils ne peuvent pas dire auffi qu'il a excedé fon pouvoir, puifque comme a fort bien remarqué vn Grand Pape écrivant à l'Empereur Leon, *Dieu a mis la puiffance Souveraine entre les mains des Monarques, non feulement pour gouverner leurs Eftats, mais auffi pour donner main forte à fon Eglife.*

Et c'eft pour cela que Saint Profper loüe le Pape Boniface de ce *qu'il employoit contre les Heretiques ennemis de la Grace, non feulement l'autorité des Conftitutions Apoftoliques. Mais auffi la force des Edits des Roys.*

Si donc le Roy peut commander juſtement qu’on ſe ſoûmette au jugement de l’Egliſe, & que pour vne marque ſincere de cette ſoumiſſion on ſouſcrive le Formulaire, les Ianſeniſtes refuſans de faire l’vn & l’autre, commettent vne double deſobeïſſance, & s’ils perſiſtent en cette mauvaiſe diſpoſition, il n’y a point de doute que ſuivant la parole du S. Apoſtre, *ils s’acquirent vn ſur-croiſt de damnation.*

Contra inimicos gratiæ non ſolùm Apoſtolicis ſed etiam Regijs vigor edictis. S. Proſp. lib. cont. Collat.

CHAPITRE III.

Eclairciſſement de ce qu’il faut entendre par la Grace efficace par elle-meſme.

IE ne ſçay pas quel eſt le myſtere, que les Ianſeniſtes veulent entendre par *la Grace efficace par elle-meſme*; mais ils ont vne merveilleuſe complaiſance pour cette ſorte d’expreſſion : C’eſt vne de leurs deffaites plus ordinaires, qu’ils employent dans tous leurs écrits, & que l’Auteur du Memoire repete juſques à quatre fois dans ſa Concluſion, qui ne contient qu’environ vne page. Il dit que la Doctrine *de la Grace efficace par elle-meſme*, ſelon le ſentiment de S. Auguſtin & des Thomiſtes, eſt vne doctrine Catholique, que les Theologiens Ianſeniſtes n’ont entendu ſoûtenir la Doctrine du livre de Ianſenius, qu’au ſens de *la Grace efficace par elle-meſme*, il veut reduire toute la queſtion de fait touchant Ianſenius à *la Grace efficace par elle-meſme* : & ſi on l’en veut croire, tout ce que Ianſenius a enſeigné ſe reduit *à la Grace efficace par elle-meſme.*

Comme cét Auteur me preſſe, & me prie avec inſtance de répondre preciſément, expreſſement, & ſans equivoque, à ce qu’il a dit dans ſa Concluſion, & que ce qu’il inculque de cette *Grace efficace par elle-meſme* en fait la plus grande partie ; j’ay crû que pour ſatisfaire à ſon deſir, il eſtoit neceſſaire d’éclaircir ce que non ſeulement les Thomiſtes, mais auſſi tous les Catholiques entendent par cette ſorte d’expreſſion ; & puis il faudra voir ſi la Doctrine du livre de Ianſenius s’accorde avec leurs ſentimens : & ſi les Ianſeniſtes peuvent dire avec quelque apparence de raiſon & de verité, qu’ils ne ſoûtiennent la Doctrine du livre de Ianſenius, qu’au ſens de la Grace efficace par elle-meſme.

Et d’autant que nous écrivons ces Ecclerciſſemens pour ſervir à toutes ſortes de perſonnes, meſme à ceux qui n’ont jamais étudié en Theologie ni en Philoſophie, qui n’ont pas pour cela moins de droit, ni d’obligation de connoiſtre les veritez neceſſaires à leur ſalut : Nous laiſſerons à part les termes & les expreſſions dont on ſe ſert dans les Ecoles, & nous tâcherons de nous expliquer avec des paroles qui puiſſent eſtre entenduës d’vn chacun : & pour y reüſſir encore mieux, nous rapporterons ſimplement, ce qu’vn des plus Saints, & des plus éclairez Prelats de ce Siecle a écrit ſur ce ſujet ; c’eſt le tres-Illuſtre Eveſque de Geneve, S. François de Sales, lequel parlant de la Grace divine, & de ſon efficace, c’eſt a dire de ſa vertu, & du pouvoir qu’elle a ſur la volonté humaine, explique avec autant de clarté que de ſolidité, ce que l’Egliſe enſeigne, & ce que les Catholiques croyent ſur ce ſujet.

Il dit, *Que la Grace est vn rayon celeste, qui porte dans nos cœurs vne lumiere, & vne chaleur, qui nous fait voir le bien, & qui nous échauffe à le rechercher, & à le pourſuivre. Que ſans cette Grace, nos ames vivroient pareſſeuſes, percluſes, & inutiles; mais qu'à l'arrivée de ce divin rayon, nous ſentons vne lumiere mêlée d'vne chaleur vivifiante, qui eclaire noſtre entendement, & anime noſtre volonté, luy donnant la force de vouloir, & de faire le bien, qui appartient au ſalut eternel.*

Il dit, *Que bien que le S. Eſprit, comme vne ſource d'eau vive, aborde de tous coſtez noſtre cœur, pour y répandre ſa grace: toutefois ne voulant pas qu'elle entre en nous, ſinon par le libre conſentement de noſtre volonté, il ne la verſera point, que ſelon la meſure de ſon bon plaiſir, & de noſtre propre diſpoſition, & cooperation; ainſi que dit le ſacré Concile: qui auſſi à cauſe de la correſpondance de noſtre conſentement avec la Grace, appelle ſa reception, vne reception volontaire. C'eſt en ce ſens que S. Paul nous exhorte de ne pas recevoir la Grace de Dieu en vain: car comme vn malade qui ayant receu vne medecine en ſa main, ne l'avaleroit pas dans ſon eſtomac, auroit à la verité receu la medecine, mais ſans la recevoir; c'eſt à dire qu'il l'auroit receuë d'vne façon inutile, & infructueuſe: que de meſme nous recevons la Grace de Dieu en vain, quand nous la recevons à la porte du cœur, & non pas dans le conſentement du cœur: car ainſi nous la recevons ſans la recevoir, c'eſt à dire, que nous la recevons ſans fruit, puiſque ce n'eſt rien de ſentir la Grace ſans y conſentir.*

Il dit, *Que ceux qui étant attirez, puis tirez, ſuivent le mouvement de la Grace, ont grande occaſion de s'en réjoüir, mais non pas de s'en glorifier. Qu'ils ſe réjoüiſſent, parce qu'ils joüiſſent d'vn grand bien; mais qu'ils ne s'en glorifient pas, puiſque c'eſt par la pure bonté de Dieu, qui leur laiſſant l'vtilité de ſon bienfait, s'en eſt reſervé la gloire.*

Qu'as-tu, que tu n'ayes receu? dit le divin Apoſtre: & ſi tu l'as receu, pourquoy t'en glorifies-tu? Il eſt vray que tu as conſenti à l'inſpiration, le mouvement de ta volonté a librement ſuivy celuy de la grace celeſte: mais tout cela qu'eſt-ce autre choſe, que recevoir l'operation divine, & n'y reſiſter pas?

Tu as cooperé à l'inſpiration en y conſentant, mais ſi tu ne le ſçais-pas, ie t'apprens que ta cooperation a pris naiſſance de l'operation de la Grace, & de ta franche volonté tout enſemble; mais en telle ſorte neantmoins, que ſi là Grace n'eut prevenu & rempli ton cœur de ſon operation, il n'eut eu ny le pouvoir ny le vouloir de ſe porter à aucune cooperation.

Mais celuy-là ne ſeroit-il pas ridicule, qui penſeroit avoir quelque part en la gloire de ſa converſion, parce qu'il n'auroit pas repouſſé l'inſpiration? n'eſt-ce pas la fantaiſie des voleurs, & des tyrans, de penſer donner la vie à ceux auſquels ils ne l'oſtent pas? & ne ſeroit ce pas vne impieté forcenée de penſer que nous ayons donné la ſainte efficace, & la vive activité à la grace divine, par ce que nous ne la luy avons pas oſtée par noſtre reſiſtance; Nous pouvons bien empécher les effets de la grace; mais nous ne pouvons pas les luy donner. Elle tire ſa force & ſa vertu de la Bonté Divine, qui eſt le lieu de ſon origine, & non de la volonté humaine, qui eſt le lieu de ſon abord.

Il dit, *Que noſtre franc-arbitre n'eſt en aucune façon forcé ny neceſſité par la grace: mais que nonobſtant la vigueur toute-puiſſante de la main miſericordieuſe de Dieu, qui touche, environne & lie l'ame de tant & tant d'inſpirations, de femonces, & d'attraits : cette volonté humaine demeure parfaitement libre, franche, & exempte de toute forte de contrainte & de neceffité. Que la Grace eft fi gracieufe, & faifit fi gracieufement nos cœurs pour les attirer, qu'elle ne gafte rien en la liberté de noftre volonté.*

Mais ce qui eft autant admirable que veritable, c'eft que quand noftre volonté fuit l'attrait, & confent au mouvement divin, elle le fuit auffi librement, comme librement elle refifte, quand elle refifte : bien que le confentement à la Grace, dépende beaucoup plus de la Grace que de la volonté, & que la refiftance à la Grace ne dépende que de la feule volonté.

Si quelqu'un difoit, que noftre franc-arbitre ne coopere pas, confentant à la Grace dont Dieu le previent, ou qu'il ne peut pas rejetter la Grace, & luy refufer fon confentement, il contrediroit à toute l'Ecriture, à tous les anciens Peres, à l'experience, & feroit excommunié par le Sacré Concile de Trente. Mais quand il eft dit que nous pouvons rejetter l'infpiration celefte, & les attraits divins, on n'entend pas certes qu'on puiffe empécher Dieu, de nous infpirer ny de jetter fes attraits dans nos cœurs..... Nous ne pouvons pas empécher que l'infpiration ne nous pouffe, & par confequent ne nous ébranfle : mais fi à mefure qu'elle nous pouffe, nous la repouffons, pour ne nous point laiffer aller a fon mouvement, alors nous refiftons.

Comme ce feroit vne effronterie impie que de vouloir attribuer aux forces de noftre volonté les œuvres du Divin Amour, que le Saint Efprit fait en nous, & avec nous : auffi feroit-ce vne impieté effrontée que de vouloir rejetter le deffaut d'amour qui eft en l'homme ingrat, fur le manquement de l'affiftance & de la Grace celefte.

Voylà quelques petits extraits de la Doctrine de Saint François de Sales, fur le fujet que nous traittons : L'on en peut voir les pieces entieres dans fon livre de l'Amour de Dieu, aux lieux que nous avons cottés à la marge. Cette Doctrine eft entierement conforme aux decifions du Concile de Trente, Tous les Docteurs Catholiques conviennent de ce que ce faint Prelat enfeigne, foit touchant la neceffité, foit touchant l'efficace de la Grace, bien qu'ils ayent des fentimens differens touchant la maniere felon laquelle la Grace opere en nous : mais cela ne touche point la Foy, & n'empéche pas qu'ils ne foient tous d'accord, que fans la Grace nous ne pouvons faire aucun bien qui nous ferve pour l'acquifition de la vie eternelle : que la Grace tire toute fa vertu & fon efficace de Dieu, & non pas de la volonté de l'homme : que nous fommes redevables à Dieu & à fa Grace de tout le bien que nous faifons : que la Grace nous donne le pouvoir & le vouloir de faire le bien : qu'elle nous fait operer, mais toutefois fans nous impofer aucune neceffité, & fans aucun prejudice de noftre liberté, qui demeure toûjours tellement franche, qu'il eft toûjours en nous, lorfque nous recevons la Grace, de la rejetter, lors que nous confentons à fon mouvement de n'y pas confentir; & lors que nous y cooperons, de n'y pas cooperer.

C'eft donc en ce fens que les Catholiques entendent ce que c'eft que la Grace efficace par elle-mefme. Mais quel moyen d'accorder cette Doctrine avec celle du livre de Ianfenius ! Et comment les Ianfeniftes peuvent-ils dire avec quelque apparence de raifon & de verité, qu'ils n'entendent, & ne foûtiennent la Doctrine du livre de Ianfenius qu'au fens Catholique de la Grace efficace par elle-mefme ? Mais comment pourroient-ils expliquer au sens de cette Grace, en la maniere que nous l'avons declaré, ce que Iansenius enseigne ? *qu'il y a des Commandemens de Dieu impossibles, &c. Que Iesvs-Christ n'est pas mort pour le salut de tous les hommes, mais seulement de ceux qu'il a predestinés, &c.* Quel rapport y a-t-il de cette Doctrine avec celle de la Grace efficace par elle-mesme, au sens que les Catholiques l'entendent ?

La Grace efficace par elle-mesme, au sens des Catholiques, donne tellement le pouvoir & le vouloir pour le bien, qu'elle laisse la volonté libre & exempte de toute necessité, en sorte qu'elle peut consentir à la Grace, ou n'y pas consentir. Et la Grace efficace par elle-mesme au sens de Iansenius, opere toûjours infailliblement son effet, en sorte que c'est vouloir que Iesvs-Christ soit venu en vain, & qu'il soit mort inutilement, si l'on pense que cette Grace soit telle, que l'homme puisse, s'il veut, la rejetter, ou n'y pas consentir. Et apres cela comment les Iansenistes pourront-ils dire qu'ils n'entendent la Doctrine de Iansenius que selon le sens Catholique de la Grace efficace par elle mesme, si ce n'est qu'ils veillent parler par antiphrase & faire comme les Calvinistes, qui pretendent que Iesvs-Christ par ces paroles, Cecy est mon Corps, a voulu dire, Cecy n'est pas mon Corps ?

Il seroit inutile de nous estendre davantage, pour faire voir la contrarieté formelle de la Doctrine Catholique que nous venons de declarer, avec celle du livre de Iansenius, puis qu'elle est toute manifeste : les Iansenistes mesme n'en peuvent pas disconvenir ; & partant il faut ou qu'ils renoncent à la Doctrine du livre de Iansenius, ou qu'ils cessent de dire qu'ils ne soutiennent cette Doctrine, qu'au sens Catholique de la Grace efficace par elle-mesme.

CHAPITRE IV..

Eclaircissement de ce qui concerne le fait du Pape Honorius.

LE Cardinal Baronius parlant du fait de ce Pape, dit, qu'il est fort difficile d'en connoistre la verité : qu'elle se trouve comme ensevelie dans vne obscurité profonde, en sorte qu'il faut marcher comme à tastons dans la recherche qu'on en veut faire. Il y a sujet de croire que c'est la raison pour laquelle les Iansenistes alleguent si souvent, & en tant de façons, le fait du Pape Honorius : ils l'ont jugé fort propre, non pour éclaircir, mais pour obscurcir, & mettre dans la confusion les Questions dont il s'agit ; afin de subsister dans le trouble : Et quoy que de sçavans écrivains leur ayent déja suffisamment répondu sur ce point, l'Auteur du dixiéme Memoire ne laisse pas de repeter ce fait du Pape Honorius jusques à quatre fois dans son écrit de deux feuilles.

C'est ce qui m'a obligé pour la plus grande satisfaction du Lecteur Catholique, de luy faire icy vn fidele rapport de ce qui concerne le fait de ce Pape, comme je l'ay appris des Actes du troisiéme Concile de Constantinople, qui est le sixiéme General, de la Conference du Saint Abbé & Martyr

Maxime auec l'Heretique Pyrrus, d'Anaſtaſe le Bibliotequaire du Cardinal Baronius, & de quelques autres Ecrivains Eccleſiaſtiques qui en ont parlé. J'eſpere par vn meſme moyen luy faire voir que de quelque façon que les Ianſeniſtes pretendent tourner ou retourner cette Hiſtoire, ils n'en peuvent tirer aucun avantage pour ſoûtenir ny pour couvrir leur erreur & leur deſobeïſſance.

Sous l'Empire d'Heraclius, environ l'an 633. il ſurvint vne conteſtation entre Cyrus Patriarche d'Alexandrie, & Sophronius Patriarche de Hieruſalem, ſur vn article qui concernoit la perſonne de noſtre Seigneur. Cyrus diſoit qu'il ne falloit reconnoiſtre qu'vne volonté en Iesvs Christ : Sophronius ſoûtenoit que cette nouvelle opinion eſtoit contraire à la Foy Catholique, qui reconnoiſſoit deux natures, l'vne divine, l'autre humaine, vnies en la perſonne du Fils de Dieu ; d'où il inferoit qu'il falloit auſſi reconnoiſtre en luy deux volontez. Sergius Patriarche de Conſtantinople ſe joignit à Cyrus, & entreprit de deffendre ce qu'il auoit auancé, il écrivit ſur ce ſujet au Pape Honorius, qui tenoit alors le Gouvernail de l'Egliſe, pour tâcher de ſe prevaloir de l'autorité du Siege Apoſtolique.

Ce Souverain Pontife craignant que cette étincelle ne cauſaſt quelque grand embraſement, & connoiſſant l'eſprit des Grecs qui ne démordoient pas facilement de leurs opinions, s'efforça de gagner Sergius par la douceur ; il luy fit vne réponſe fort obligeante, par laquelle neantmoins il impoſoit ſilence aux vns & aux autres, & declaroit qu'il ſe falloit tenir ſimplement à ce qui avoit eſté decidé dans les precedens Conciles, touchant la perſonne de Iesvs-Christ, ſans vouloir davantage ſubtiliſer, croyant que c'eſtoit le meilleur moyen de faire ceſſer ces diſputes, & de prevenir les diviſions qui en pouvoient arriver.

Mais aprés la mort d'Honorius ces meſmes conteſtations ayant recommencé derechef avec plus de chaleur, le Pape Martin premier aſſembla vn Concile de cent & cinq Eveſques à Rome, l'an 649. où il condamna comme Heretique cette opinion des Monothelites, c'eſt à dire de ceux qui ne vouloient reconnoiſtre qu'vne volonté en Iesvs-Christ. Le Pape Agathon reïtera la meſme condamnation en vn autre Concile de cent vingt-cinq Eveſques, en l'année 680. nonobſtant quoy, les Monothelites continuans de troubler les Egliſes d'Orient, il fallut pour remedier plus efficacement à ce mal, aſſembler vn Concile en la Ville de Conſtantinople, qui fut le ſixiéme general. Le Pape Agathon y envoya ſes Legats qui y preſiderent en ſon nom, & conjointement auec les autres Prelats de ce Concile, condamnerent derechef l'Hereſie des Monothelites.

Mais ce qui eſt ſurprenant, c'eſt que dans les Actes de ce Concile on trouve le nom du Pape Honorius meſlé parmy ceux des autres Heretiques, à cauſe de la Lettre qu'il avoit écrite à Sergius. Il eſt vray que les Monothelites avoient voulu ſe prevaloir de quelques paroles qui ſe liſoient dans cette Lettre, pour authoriſer leur erreur ; mais pluſieurs années avant la tenuë de ce Concile, le S. Abbé Maxime, dans la conference qu'il eut avec Pyrrus ſucceſſeur de Sergius, avoit pleinement juſtifié Honorius ſur ce point, & montré clairement qu'il n'y avoit pas vne ſeule parole dans la Lettre de ce Pape qui favoriſaſt le Monothelisme.

Il ſe voit neantmoins dans les Actes du Concile, que ſans avoir égard à cette juſtification, le Pape Honorius avoit eſté mis au rang des Hereti-ques, ſur le ſujet de cette Lettre qu'il avoit écrite à Sergius.

Vn fait ſi extraordinaire a partagé les Docteurs Catholiques : les vns ont entrepris la deffenſe du Pape Honorius, & ont eſſayé d'effacer cette tache de ſa memoite : les autres ont crû qu'ayant eſté condamné par vn Concile general il n'y avoit rien à repliquer, & qu'il falloit acquieſcer à cette condamnation. Ceux qui deffendent Honorius diſent que les Actes de ce Concile ont eſté falſifiez, & que par envie & jalouſie contre le Siege Apoſtolique, on avoit inſeré parmy les Heretiques le nom de ce Pape. On répond neantmoins qu'il n'y a pas lieu de croire aucune falſification dans ces Actes, vû que l'on en avoit donné des copies authentiques aux Legats du Pape Agathon, & aux autres Patriarches, & que dans toutes ces copies, qui n'ont pû eſtre falſifiées, on a trouvé le Pape Honorius mis au rang des Heretiques. Mais on replique qu'il eſt bien vray que c'eſtoit la couſtume de faire pluſieurs coppies des Decrets & des Actes des Conciles generaux, & de les diſtribuer, auſſi-toſt que ces Saintes Aſſemblées avoient pris fin aux Legats du Pape, & aux Patriarches, mais que cela ne s'eſtoit pas fait dans le ſixiéme Concile general, dont il s'agit, parce que les copies de ces Actes ne furent expediez & délivrez que deux ans ou environ aprés la fin du Concile, à cauſe de la mort du Pape Agathon qui ſurvint, & de la vacance du Siege Apoſtolique qui dura prés d'vn an, ce qui tint toutes choſes en ſurceance.

Or pendant ce temps-là les Originaux des Actes du Concile demeure-rent entre les mains & en la diſpoſition de Theodore Patriarche de Con-ſtantinople, qui avoit eſté dépoſé, parce qu'il ſoûtenoit le Monothéliſme; neantmoins en ayant fait vne feinte abjuration il eſtoit remonté ſur ſon Sie-ge incontinent aprés la fin du Concile ; & ne pouvant ſouffrir qu'on eut écrit ſon nom avec les noms des Heretiques, il l'effaça, & pour ſe vanger du Siege Apoſtolique qui l'avoit condamné, il y inſera celuy du Pape Ho-norius.

Dans la Let-tre au R. P. Amelotte.

Les Ianſeniſtes diſent que cela n'eſt qu'vne fable, & ils ſe perſuadent que c'eſt aſſez qu'ils l'ayent dit pour obliger vn chacun de le croire : mais les deffenſeurs d'Honorius, qui ne ſe repaiſſent point de fables, & qui ſont pour le moins autant dignes d'eſtre creus que les Ianſeniſtes employent di-verſes raiſons pour preuve de cette falſification ; nous en rapporterons icy quelques-vnes, le plus ſuccintement que nous pourrons, pour n'ennuyer le Lecteur.

Ce qui donne en premier lieu ſujet de croire que les Actes de ce Concile ont eſté falſifiez, c'eſt que cela eſt arrivé de la part des Grecs, en pluſieurs autres occaſions ſemblables.

lib. 5. Epiſt. 14.

S. Gregoire Pape ſe plaint en l'vne de ſes Lettres que les Actes du Con-cile de Calcedoine avoient eſté falſifiez en vn endroit par les Grecs : il ajoû-te qu'il craignoit le meſme à l'égard du Concile d'Epheſe.

Epiſt. 85.

S. Leon Pape écrivant aux Eveſques de la Paleſtine, ſe plaint que les meſmes Grecs avoient falſifié ſon Epiſtre decretale à Flavian, & pour ne nous étendre pas ſur d'autres ſemblables exemples, le ſixiéme Concile ge-neral, dont il eſt queſtion, nous en fournit deux ſignalez, l'vn en l'action ou ſeſſion troiſiéme, où, ſur la plainte des Legats du Pape Agathon, l'on ve-

rifia

rifia vne infigne fauffeté faite par les Monothelites en l'Epiftre du Pape Vigilius, qui avoit efté inferée dans les Actes du cinquiefme Concile general: l'autre en l'action fixiéme, où les mefmes Heretiques furent convaincus d'avoir falfifié quantité de Paffages des Saints Peres, pour fe prevaloir de leur authorité. Et ce qui eft encore plus eftonnant, la Lettre du Pape Agathon à l'Empereur Conftantin Pogonat, qui fut inferée dans les Actes du mefme Concile, s'eft trouvée falfifiée par les Grecs en l'article qui touche la perfonne du S. Efprit, comme le Cardinal Iulien leur reprocha au Concile de Florence, & comme avant luy, Emanuel Calera l'avoit fort bien remarqué.

Si donc les Grecs ont efté en tant d'occafions convaincus d'eftre tombez en cette faute, & mefme dans ce fixiéme Concile general, ne peut-on pas avec raifon penfer qu'ils auront fait le mefme dans vne occafion où ils avoient moyen de rabbaiffer & avilir l'honneur du Siege Apoftolique, contre lequel ils ont toûjours nourry dans leur cœur vne fecrette jaloufie, qu'ils n'ont jamais manqué de faire éclatter quand ils en ont trouvé l'occafion?

Et ce qui doit fortifier cette penfée, c'eft qu'il n'y a aucune apparence que s'agiffant de condamner vn Souverain Pontife comme Heretique dans vn Concile general, on y eut procedé avec la precipitation qui fe voit dans ces Actes, fans obferver les formes requifes en vn cas fi important, fans prendre vn temps convenable pour déliberer d'vne affaire fi extraordinaire, & pour examiner à loifir la Lettre de ce Pape, qui fut cenfurée fur vne fimple lecture, fans remarquer en particulier ce que l'on y avoit trouvé digne de cenfure.

On remarque d'ailleurs que dans tous les Conciles, & mefme en celuy-cy, avant que de proceder à la condamnation de la perfonne des Heretiques, particulierement de ceux qui avoient quelque rang confiderable dans l'Eglife, on y apportoit vne tres grande circonfpection, les moindres circonftances y eftoient pefées, on ne negligeoit rien de tout ce qui pouvoit contribuer à leur décharge: quelle apparence donc qu'on euft condamné la premiere perfonne de l'Eglife, le Pere commun de tous les Fideles, & qu'on l'eut mis au rang des Heretiques fans aucune information precedente, fur vne fimple delation, quoy qu'il fut notoire que ce Pape eftoit mort dans la communion de l'Eglife, & que fa memoire eftoit mefme en veneration parmy les Fideles.

Mais quelle apparence que les Legats du Siege Apoftolique euffent efté prefens pendant que tout cela fe faifoit de la forte, qu'ils euffent vû vne procedure fi eftrange & fi injufte, & qu'ils fuffent demeurez dans vn profond filence, comme il fe voit dans ces Actes; qu'ils n'euffent pas dit vne feule parole pour deffendre Honorius, & foûtenir l'honneur du Siege Apoftolique, ou du moins pour demander que cette affaire fut traittée felon les formes qui fe deuoient garder en vne telle occafion?

Adjoûtez à cela que dans la Lettre du Pape Agathon, qui fut leuë & receuë avec grand refpect par les Peres du Concile, il eft expreffement dit, qu'il eftoit notoire que tous les Pontifes Romains qui l'avoient precedé avoient toûjours, non-feulement profeffé la vraye foy, mais auffi, que fuivant la parole de IESVS-CHRIST à S. Pierre, ils avoient confirmé les autres en la mefme Foy: Comment donc le Concile auroit-il pû approuver cette Lettre, & en mesme temps mettre le Pape Honorius au rang des Heretiques?

Enfin si ce Concile eut condamné le Pape Honorius, comment auroit-il pû se faire que les plus anciens Historiens qui ont rapporté ce qui s'y est passé, & qui ont mesme remarqué les noms des Heretiques qui y ont esté condamnez, n'eussent fait aucune mention d'Honorius ny de sa condamnation.

Qu'on lise Theophane, Photius, Zonaras, on ne trouvera pas qu'ils ayent dit vn seul mot de ce Pape, lorsqu'ils ont parlé du sixiéme Concile general; & neantmoins vne chose si extraordinaire, & qui ne s'estoit point encore veuë dans l'Eglise, meritoit bien de trouver place dans leurs écrits, & Photius, qui estoit ennemy juré des Papes, n'eût pas obmis de rapporter vn fait qui estoit si desavantageux à leur honneur.

Certainement toutes ces considerations, & plusieurs autres que je passe sous silence pour n'ennuyer pas le Lecteur, donnent tout au moins vn juste sujet de revoquer en doute ce qui se trouve dans les Actes de ce Concile, touchant la pretenduë condamnation du Pape Honorius: & par consequent c'est contre toute raison, & avec fort mauvaise grace, que les Iansenistes alleguent si souvent, & en tant de façons, le fait du Pape Honorius, pour couvrir leur desobeyssance, qui ne se trouveroit appuyée par ce moyen que sur les falsifications des Heretiques.

Mais donnons leur cette satisfaction que de passer la condamnation d'Honorius pour veritable; car leur plus grande joye est d'avilir & de déprimer autant qu'ils peuvent le S. Siege Apostolique.

Accordons leur que les Actes de ce Concile n'ont point esté falsifiez; que l'Heretique Theodore les a conservez avec vne entiere fidelité; que la memoire a manqué à Theophane, à Photius, à Zonaras, & qu'ils ont oublié de parler d'vn accident si estrange.

Donnons leur encore cét avantage que le Pape Agathon & Leon son successeur, sont les veritables Auteurs de quelques Épistres supposées, où le Pape Honorius se trouve mis au rang des Heretiques.

Reconnoissons que la Lettre d'Honorius, sur vne simple lecture, sans aucune discussion plus exacte, a esté justement censurée, que ce Souverain Pontife, quoy que sans aucune information precedente, & contre les formes ordinaires, a esté neantmoins condamné avec toute sorte de Iustice, non pas à la verité comme Auteur du Monothelisme, mais comme y ayant en quelque façon connivé, & ne s'estant pas opposé à cette heresie naissante avec toute la vigueur qu'il pouvoit & qu'il devoit: Qu'est-ce que les Iansenistes peuvent inferer de cette condamnation, qui ne tourne à leur confusion, & qui ne condamne leur desobeïssance?

L'Eglise dans ce Concile sur vne simple lecture de la Lettre d'Honorius, sans en faire vne plus exacte discussion, l'a condamnée, & non seulement les particuliers, mais les Souverains Pontifes mesmes ont souscrit à cette condamnation.

La mesme Eglise aprés avoir employé toute la diligence possible pour examiner le Livre de Iansenius, a condamné sa Doctrine comme Heretique, & les Iansenistes ne veulent point y acquiescer.

L'Eglise dans ce Concile ne s'est pas contentée d'avoir censuré la Lettre d'Honorius ; mais outre cela, pour témoigner davantage l'horreur qu'elle a de tout ce qui approche en quelque façon que ce soit de l'herefie, elle n'a pas épargné la perfonne de ce Souverain Pontife, elle l'a mis au rang des Heretiques à caufe de fa connivence, & les Papes ont bien voulu deferer à ce jugement.

La mefme Eglife, fans toucher à la perfonne de Ianfenins, a feulement condamné les erreurs qu'elle a trouvées dans fon livre : & les Ianfeniftes rempliffent leurs libelles de plaintes, de reproches, d'injures & de toutes fortes d'invectives contre les Papes, les Archevefques & les Evefques qui veulent les obliger de fe foûmettre à cette condamnation.

L'Auteur du Memoire & les autres écrivains de fon party diront peut eftre, que je change la forme de leur raifonnement, & que ce n'eft pas de cette façon qu'ils entendent fe fervir du fait d'Honorius ; mais je les prie de fe fouvenir de ce qu'ils ont mis fur ce fujet en plufieurs de leurs écrits, & particulierement dans leur premiere Lettre au R. P. Amelotte, où ils foûtiennent avec tant de chaleur, que le Pape Honorius a efté mis au rang des Heretiques, que les Actes du fixiéme Concile general, tels que nous les avons, font tres-legitimes & tres-veritables, & que tout ce que Baronius & plufieurs autres fçavans Theologiens ont avancé au contraire, ne merite aucune creance. Si donc ie les laiffe dans la liberté de leurs penfées, & fi ie leur accorde tout ce qu'ils pretendent, quoy que ie l'eftime fort infoûtenable, ils ne doivent pas trouver mauvais, que j'en tire quelques confequences qui leur feroient fort falutaires, s'ils vouloient y faire vne ferieufe attention.

Mais comme ces difcours ne leur feront pas agreables, ils infifteront fur ce qu'ils ont fouvent dit, que Monfieur du Val, le Pere Petau, & quelques autres Auteurs ont inferé dans leurs livres, que les Peres du fixiéme Concile General avoient efté furpris dans le jugement qu'ils avoient fait de la Doctrine contenuë dans la Lettre du Pape Honorius, qu'ils eftimoient eftre Orthodoxe ; d'où les Ianfeniftes pretendent inferer qu'ils peuvent femblablement fouftenir que les Papes & les Evefques fe font trompez dans la condamnation du livre de Ianfenius, & qu'ils ont mal jugé du fens de cette Doctrine, l'ayant condamné, comme Heretique, quoy qu'il foit fort Catholique.

Ie ne fçay pas ce que M. du Val ny le Pere Petau ont écrit fur ce fujet, car ie n'ay pas leu leurs livres : mais ie puis bien dire, qu'ayant efté tres-Catholiques & tres-vertueux, c'eft contre leur intention, auffi-bien que contre toute raifon, qu'on employe leur fentiment particulier, comme vne regle pour iuger de la conduite de l'Eglife. D'ailleurs il y a vne tres-grande difference entre leur procedé, & celuy des Ianfeniftes. Il eft vray que M. du Val & le Pere Petau ont effayé de juftifier vn Pape qu'ils eftimoient avoir efté injuftement condamné ; & dans vn fait ou les plus fçauans Docteurs ne voyent rien de certain, ils ont dit, ce qu'ils ont iugé le plus probable en faveur de la lettre d'Honorius, fans donner atteinte à la verité des Actes du Concile. Mais ils n'ont pas trouvé dans ces Actes ny dans aucun autre Hiftorien, qu'on eut employé toute la diligence poffible pour examiner cette lettre, ny qu'on eut remarqué les erreurs particuliers qu'elle contenoit, ny qu'apres avoir condamné ces erreurs on euft obligé de

foufcrire à cette condamnation , & que pour cela on euft dreffé vn Formulaire , & qu'on euft reïteré plufieurs fois le commandement de le figner fous
peine d'excommunication , ny que les Empereurs & Roys Chreftiens euffent
employé leurs Lettres Patentes, leurs Declarations, & les Arrefts de leur
Confeil pour obliger leurs Sujets de fe foumettre au jugement de l'Eglife.
M. du Val ny le P. Petau n'euffent pas attendu de fe voir preffez de la
forte, ils euffent obey fans doute au premier fignal qu'ils euffent apperceu
des intentions de leurs Superieurs. Et par confequent c'eft fort mal à propos
& contre toute raifon que les Ianfeniftes pretendent fe fervir de ce qu'ils
ont écrit, pour juftifier leur defobeyffance.

CHAPITRE V.

Examen des equivoques & déguifemens que l'Auteur du Memoire employe touchant la diftinction du droit & du fait.

I'A v o i s tâché dans la premiere partie de cét écrit d'éclaircir la diftinction du droit & du fait, qui fervoit de pretexte aux Ianfeniftes pour éluder le iugement de l'Eglife: l'Auteur du Memoire convaincu par l'evidence de
la verité n'a pu difconvenir d'vne partie de ce que j'ay dit, il eft demeuré d'accord que c'eft par le droit que l'on connoift, & que l'on iuge fi vne Doctrine
eft fauffe ou veritable par rapport à l'Ecriture ou à la Tradition , & qu'il
s'agit du fait, quand il eft feulement queftion de s'informer par le témoignage des autres, qui eft celuy qui a enfeigné vne telle Doctrine, ou qui a
compofé vn tel Livre. Mais voyant que l'application fincere que ie faifois de
ce principe à la condamnation du livre de Ianfenius mettoit en evidence l'erreur & la defobeïffance de ceux de fon party, il a recours aux équivoques
qui font fes artifices ordinaires : Il mefle & confond, ce qui touche la perfonne de Ianfenius, & ce qui concerne la Doctrine de fon Livre, pour jetter de la pouffiere aux yeux des Lecteurs, & empécher qu'ils ne connoiffent
la verité.

Or d'autant que la decifion des conteftations prefentes, dépend principa-
lement de la droite intelligence de cette diftinction du droit & du fait, Ie
fupplie inftamment ceux qui liront cét écrit, de faire attention fur ce que
ie vais leur reprefenter. Ie leur découvriray en premier lieu les équivoques
que l'Auteur du Memoire employe, & dont les autres écrivains de fon
party fe fervent ordinairement fur ce fujet, pour déguifer la verité, & fur-
prendre les moins avifés : puis ie leur feray voir clairement ce qui appartient au droit & au fait dans la condamnation du livre de Ianfenius.

L'Auteur du Memoire fuppofant qu'il s'agit d'vn droit & d'vn fait dans
cette condamnation, dit que le droit confifte dans la condamnation des cinq
Propofitions confiderées en leur propre fens, & le fait dans l'attribution de
ces Propofitions à Ianfenius, ou, au livre de Ianfenius : ou bien en ce qu'on
pretend que la Doctrine de ces Propofitions a efté enfeignée par Ianfenius,
& qu'elle eft contenuë dans le livre de Ianfenius.. Et voylà l'équivoque
qu'il commet, meflant & confondant enfemble la perfonne de Ianfenius, &

le

le livre de Ianfenius, que l'on doit confiderer fort differemment fur ce fujet:
car bien que ce ne foit qu'vne queftion de fait, fçavoir fi Ianfenius a enfeigné ces Propofitions, ou mefme fi c'eft luy qui a compofé le livre dont
elles ont efté extraites : C'eft neantmoins par le droit qu'il faut juger fi la
Doctrine de fon livre contient les erreurs exprimées par les cinq Propofitions, comme ie feray voir dans la fuite de cét écrit. Et cependant c'eft fur
cét equivoque que l'Auteur du Memoire fait rouler tous fes difcours : c'eft
de cét equivoque que les autres Ecrivains de fon party tirent la plufpart de
leurs raifonnemens, pour fe maintenir en poffeffion de foûtenir vne Doctrine que l'Eglife a condamnée.

Cét Auteur fe fert encore d'vn autre equivoque prefque femblable fur le
mefme fujet. I'avois dit, dans la premiere Partie des Eclairciffemens, que
dans la condamnation du livre de Ianfenius, il s'agiffoit du jugement que
l'Eglife avoit porté du veritable fens de la Doctrine contenuë dans ce livre:
& que fi l'Eglife pouvoit juger infailliblement du vray fens des Saintes
Ecritures, elle pouvoit auffi avec la mefme certitude juger du vray fens
de la Doctrine du livre de Ianfenius. L'Auteur du Memoire fe voyant preffé
par ce raifonnement, a voulu derechef recourir aux equivoques, il mefle
& confond enfemble le fens de Ianfenius, & le fens de la Doctrine du livre de Ianfenius; & puis mettant l'vn pour l'autre, il dit que l'Eglife n'a
pû juger avec certitude fi le fens qu'elle condamne a efté, ou n'a pas efté
enfeigné par Ianfenius : mais il ne s'agit pas de fçavoir quel eft le fens que
Ianfenius avoit en fa penfée ny dans fon efprit lors qu'il a compofé fon livre, ny quel eft le fens qu'il a enfeigné, ou qu'il n'a pas enfeigné ; mais
feulement quel eft le fens naturel & litteral de la Doctrine contenuë dans
fon livre ; quel eft le fens naturel & litteral qui fe trouve exprimé par les
paroles de fon livre : C'eft-là fur quoy l'Eglife a porté vn jugement, certain, puifque c'eft par le droit qu'elle en a jugé.

Mais ie ne dois pas omettre vne evafion non moins abfurde que ridicule,
dont l'Auteur du Memoire fe fert en fuitte de cét equivoque, pour fe tirer
d'vn mauvais pas, où il s'eftoit luy-mefme engagé. I'avois prouvé que l'E-
glife pouvoit juger avec certitude du fens de la Doctrine contenuë dans le
livre d'vn Auteur particulier, parce qu'elle pouvoit juger avec certitude du
fens des Ecritures : L'Auteur pour répondre à ce raifonnement avoit produit le fait du Pape Honorius, il eut pû joindre auffi la défaite des Ma-
dianites par Gedeon : & plufieurs autres Hiftoires de l'ancien Teftament
qu'il eut pû faire venir auffi à propos. Mais fe doutant que cela ne fatisfe-
roit pas le Lecteur, il répond directement que l'Eglife fe pouvoit tromper
dans le fens des paroles d'vn Auteur nouveau, en ne les entendant pas bien,
quoy qu'elle foit infaillible dans le jugement qu'elle feroit du fens des paroles de l'Ecriture, & des Saints Peres. Il apporte en fuitte vne raifon de
cette difference, qui eft veritablement digne de la fincerité de fon efprit.
Voicy comme il parle fur ce fujet.

*L'Eglife eftant infaillible fur les Dogmes qui regardent la Foy, il faut
qu'elle le foit dans l'interpretation de ce qui luy fert de regle pour iuger de ces
Dogmes, qui eft l'Ecriture & la Tradition, &c.*

Cela ne reçoit aucune difficulté : tous les Catholiques en conviennent:
il ajoûte en fuitte.

E

Mais il n'est point necessaire que l'Eglise connoisse quel est le sentiment d'vn Auteur nouveau sur quelque Dogme, pour connoistre si ce Dogme est Heretique ou Catholique, n'y ayant aucune consequence necessaire entre ces propositions: Ce Dogme est Heretique, donc cét Auteur nouveau comme Jansenius, a enseigné ce Dogme.

Ie crains d'abuser de la patience du Lecteur en luy rapportant vn raisonnement si déraisonnable. I'ay parlé du jugement que l'Eglise fait du sens de la Doctrine contenuë dans vn livre, & l'Auteur du Memoire répond du sentiment de l'Auteur du livre. Il veut que l'Eglise juge avec certitude qu'il y a des Heresies dans vn livre, & neantmoins qu'elle ne puisse pas avec certitude entendre la Doctrine de ce livre. Il reconnoit qu'elle est infaillible sur les Dogmes qui regardent la Foy, & en mesme temps qu'elle se peut tromper en jugeant des Dogmes qui sont dans vn livre, quoy que ces Dogmes regardent la Foy. Certainement, quand on se détourne volontairement du chemin de la verité, on s'engage en d'estranges égaremens d'esprit : Il n'y a rien de si absurde, qu'on ne soit capable d'embrasser, pourveu qu'il favorise l'erreur dont on s'est rendu l'esclave.

Mais je reviens à la distinction du droit & du fait, & pour ne pas repeter ce que j'ay dit, dans la premiere partie *des Eclaircissemens*, j'adjoûteray seulement,

Que pour discerner avec certitude si l'Eglise juge d'vn droit, ou d'vn fait, dans les choses qui concernent la Foy, il faut prendre garde qu'elle est la regle sur laquelle son jugement est fondé, si elle fonde son jugement sur l'Ecriture ou sur la Tradition, il faut reconnoistre qu'elle a jugé sur le droit: & si son jugement est vniquement fondé sur l'Ecriture ou sur la Tradition, elle aura jugé vniquement sur le droit, sans aucun mélange du fait. L'Auteur du Memoire convient de tout cecy, il reste d'en faire l'application à nostre sujet.

L'Eglise apres avoir employé toute la diligence possible pour examiner la Doctrine contenuë dans le livre de Iansenius; apres avoir pris vne exacte connoissance du sens de cette Doctrine; elle y trouve des erreurs contraires aux veritez de l'Ecriture & de la Tradition, elle les condamne comme telles, c'est à dire comme Heretiques : & pour les faire mieux connoistre, afin qu'on les evite plus soigneusement, elle les reduit à cinq Propositions; elle declare que ces cinq Proposit ons contiennent en substance les principales erreurs répanduës dans tout le corps de ce gros livre.

Où est-ce maintenant que les Iansenistes trouveront en tout ce procedé que l'Eglise ait jugé d'vn fait, où elle ait pû se tromper ? Ce n'est pas dans l'examen de la Doctrine du livre, par ce qu'il s'est fait par rapport aux regles du droit, qui sont la Tradition & l'Ecriture. Ce n'est pas aussi dans le jugement qu'elle en a porté, par ce qu'il est vniquement fondé sur ce mesme droit. Ce n'est pas dans l'expression qu'elle a faite des erreurs condamnées, les reduisant à cinq Propositions, puis qu'elle a suiuy dans cette expression la mesme lumiere & les mesmes regles qui ont donné lieu à la condamnation de ces erreurs.

L'Auteur du Memoire dira-t-il, pour trouver à quelque prix que ce soit ce pretendu mélange du fait & du droit, qui est comme la derniere table pour sauver le Iansenisme du naufrage, que c'est vne question de fait, sça-

voir si la Doctrine que les Papes & les Evesques ont leuë dans le Livre de
Ianfenius eft vrayement dans ce Livre, comme par exemple ils ont leu dans
le chapitre 21. du troifiéme Livre du troifiéme Tome, *que* Iesvs-Christ
n'avoit non plus prié pour la Redemption eternelle des Iuftes qui ne perfeve-
rent point que pour celle du Diable, &c. qu'il eft feulement mort pour ceux
qu il a predeftinez, &c. L'Auteur du Memoire dirat-il que c'eft vne queftion de fait, fçavoir fi ces paroles fe lifent dans le Livre de Ianfenius ? Il
pourroit avec autant de raifon adjoûter que c'eft vne queftion de fait, fçavoir fi les Papes & les Evefques avoient des yeux quand ils ont leu le Livre de Ianfenius, s'il eftoit jour quand ils ont fait cette lecture, ou s'ils avoient
des flambeaux allumez pour les éclairer de nuit ? fi le Livre de Ianfenius
eftoit en Latin ou en Allemand quand ils l'ont leu?

Enfin que l'Auteur du Memoire appellera peut-eftre Denis Raymond à fon
fecours pour declarer que l'Eglife peut juger infailliblement du fens de la Doctrine contenuë dans vn livre, lors que tous conviennent du fens de cette Doctrine, & qu'alors elle porte jugement fur vne queftion de droit, mais quand tous
ne conviennent pas du fens de cette Doctrine, & lors qu'il y a quelques-vns
qui l'entendent d'vne maniere differente des autres, alors ce n'eft plus qu'vne
queftion de fait fur laquelle l'Eglife fe peut tromper. C'eft Denis Raymond qui
l'a dit. L'autorité d'vn tel perfonnage doit fuffire, il n'eft pas neceffaire
d'en produire d'autre raifon; l'Auteur du Memoire n'en apporte aucune, il
fuppofe cela comme vn principe inconteftable, tiré du Livre de Denis
Raymond; de forte que felon ce principe, quand l'Eglife examinera quelque mauvais Livre pour cenfurer la Doctrine qu'il contient, fi quelques
efprits mal-faits ou malicieux veulent contefter fur le fens de cette Doctrine, au mefme temps elle ne peut plus juger avec infallibilité, fa lumiere
s'éclipfe, l'Efprit de verité que Iesvs-Christ luy a promis retire fon
affiftance, & ce qui eftoit auparauant vne queftion de droit, devient vne
queftion de fait: ou elle fe peut tromper, & quelque deffenfe qu'elle faffe,
quelques Anathemes qu'elle fulmine pour exterminer ce mauvais Livre,
tant qu'il plaira à ces Meffieurs de contefter on pourra impunément retenir & foûtenir la Doctrine qu'il contient, fous ce beau pretexte que ce
n'eft qu'vne queftion de fait s'il contient cette Doctrine : que l'Eglife fe peut
tromper quand elle juge d'vn fait, & qu'on n'eft point obligé de luy obeïr.

L'Auteur s'eft voulu fervir de ce mefme principe pour répondre au raifonnement que j'avois tiré de l'approbation des Papes, fur laquelle les Ianfeniftes fondent l'infaillibilité de la Doctrine de S. Auguftin ; en forte que
pour cette raifon ils ne font point difficulté de condamner d'herefie celuy qui
croiroit qu'il peut y avoir aucune erreur dans les Livres de ce grand Saint.
Tous les Catholiques reçoivent avec vne entiere foûmiffion ce que les Souverains Pontifes ont definy touchant cette Doctrine, mais ce que l'Auteur
du Memoire adjoûte, fait vn grand tort à l'autorité de cette Doctrine; car
il fuppofe que le Iugement que les Papes en ont fait eft infaillible, à caufe
que perfonne ne conteftoit alors le fens de cette Doctrine; & il n'a pas pris
garde à ce que S. Profper en a écrit dans la Preface de fes Réponfes aux
objections des Preftres de Marfeille contre la Doctrine contenuë dans les
Livres de ce faint Docteur. Car il dit que de fon temps, c'eft à dire incontinent aprés la mort de S. Auguftin,

Il se trouva des personnes qui pour ne pas bien entendre le sens de la Doctrine de ce S. Homme, s'estoient avisez de la reprendre : de sorte que S. Prosper la voulant deffendre, il y eut plusieurs contestations touchant le sens de cette Doctrine : & comme ce fut à l'occasion de ces contestations que le Pape Celestin écrivit aux Evesques de France cette belle Epistre, par laquelle il donna vne approbation autentique à la Doctrine de Saint Augustin, si la maxime de Denis Raymond est veritable ; le Pape Celestin avoit perdu son infaillibilité lors qu'il écrivit cette Epistre, parce qu'il y avoit des contestations touchant le sens de la doctrine de S. Augustin. Tout ce qu'il a dit en faveur de cette doctrine n'est fondé que sur vn simple fait, il n'y a aucune obligation de s'y soûmettre, & l'on peut impunément soûtenir qu'il y a des erreurs dans les Livres de S. Augustin.

Il est vray que l'Auteur du Memoire & les autres Ecrivains Iansenistes, peuvent remedier à vn si grand mal, en desavoüant Denis Raymond de ce qu'il a dit sur ce sujet, & reconnoissant que quelques contestations qu'on veüille faire sur le sens de la Doctrine d'vn Livre, l'Eglise a toûjours la mesme authorité d'en juger avec certitude, & d'obliger tous les Catholiques de se soûmettre à son jugement.

CHAPITRE VI.

REFLEXION.

Sur vn Passage de S. Paul, allegué par l'Auteur du Dixiéme Memoire.

CET Auteur me fait vne remonstrance fort serieuse au commencement de son Libelle, sur le sujet de quelques paroles que j'ay dites en la premiere Partie de cét Eclaircissement, touchant certaines veritez qui ne luy plaisent pas ; & comme l'expression luy a semblé vn peu trop forte, il se plaint que j'ay publié des faussetez & des calomnies contre des Theologiens qu'il ne nomme point, & que je ne pouvois pas nommer puisque je ne sçay pas qui sont ceux dont il entend parler, & pour me porter à faire penitence d'vne telle offence il me remet devant les yeux ce que S. Paul a dit, que les medisans & calomniateurs ne possederont point le Royaume de Dieu, *neque maledici Regnum Dei possidebunt.* Il exagere fort ces paroles ; il forme quatre arguments sur ce sujet, & il conclud enfin que je suis *vn calomniateur, vn imposteur public, vn écrivain seditieux, vn perturbateur de la paix de l'Eglise, que je suis sans foy, sans honneur & sans conscience.*

Voilà certainement vn témoignage qu'il a beaucoup de zele pour me remontrer mes fautes, dont je luy suis fort obligé ; & afin qu'il ne croye pas que je veüille negliger vn avertissement si salutaire, je luy promets que je vay faire vne serieuse reflexion sur tout ce que j'ay dit, dont il se plaint, & luy en rendre vn fidele compte ; mais auparavant j'ay creu qu'il n'estoit pas hors de propos de luy representer ce que j'ay autres fois appris, que l'on ne devoit jamais faire la correction à autruy que l'on n'eust auparavant

ravant

ravant examiné fa confcience, pour voir fi l'on n'eftoit point coupable des mefmes fautes, & peut-eftre d'autres encore plus notables que celles qu'on vouloit reprendre dans les autres.

Ie ne fçay fi l'Auteur du Memoire a bien confideré l'eftat de fa confcience fur l'article des medifances & des calomnies, avant que de fe mettre en peine de la mienne, & s'il a fait attention fur ces paroles de IESVS-CHRIST, *quid tu vides feftucam in oculo fratris tui, trabem autem qua in oculo tuo eft, non confideras.* Il y a fujet de craindre que l'ardeur de fon zele ne luy ait pas permis de fe fouvenir de ce qui fe trouve écrit dans les Dialogues, dans les Apologies, dans les Lettres Vifionnaires, Imaginaires, Chamillardes, Provinciales, dans les Enlumineures, dans les Onguents pour la bruflure, & dans vne infinité d'autres femblables Libelles diffamatoires en profe & en vers que les Ecrivains de fon party ont répandu depuis quinze ou vingt ans dans toute la France, & mefmes dans les Pays Étrangers, où ils s'efforcent de noircir & de déchirer la reputation des Souverains Pontifes, des Archevefques, des Evefques, des Docteurs, des Religieux; & non contens de cela, ils menacent tous ceux qui oferont leur contredire de les perdre d'honneur & de reputation. I'exhorte l'Auteur du Memoire d'y faire vne ferieufe reflexion, & de bien confiderer ce que noftre Seigneur dit enfuitte, *Hypocrita, ejice primùm trabem de oculo tuo, & tunc perfpicies, vt educas feftucam de oculo fratris tui.* Il ne doit pas ignorer qu'en matiere de médifances & de calomnies ce n'eft pas affez d'en avoir regret & de s'en confeffer, mais qu'il y a vne obligation indifpenfable de reparer le tort qu'on a fait à la reputation de fon prochain, & de remedier au fcandale qu'on a caufé dans l'Eglife. Voilà certes vne eftrange & prodigieufe poutre que les Auteurs de tous ces Libelles doivent lever & ofter, avant que de toucher aux feftus qu'ils penfent voir dans les yeux de leurs freres. Ie n'en diray pas davantage pour le prefent, il fe pourra prefenter quelque occafion de parler plus amplement fur ce fujet, qui eft d'vne merveilleufe eftenduë, fi on fe vouloit donner la patience de recueillir les feules injures qui font repanduës dans tous les ouvrages de ces Meffieurs comme les plus belles fleurs de leur Retorique, il y auroit dequoy remplir vn jufte Volume; car pour les médifances & les calomnies on en pourroit former vne petite Biblioteque, ils en ont des lieux communs qui font inépuifables.

Aprés avoir donné cét avertiffement à l'Auteur du Memoire, je veux bien luy rendre raifon de quelques paroles qu'il a leuës dans la premiere Partie de cét Eclairciffement qui luy ont déplû: je croy neantmoins qu'il aura fujet de demeurer fatisfait fi je luy fais voir que je n'ay rien dit de ces Theologiens, qu'il veut juftifier, c'eft à dire des Ianfeniftes, que je n'aye trouvé dans les Lettres & autres Actes des Affemblées generales des Prelats de ce Royaume, & mefme dans les Declarations & Lettres patentes du Roy.

Il fe plaint de ce que j'ay dit que les deffenfeurs du Livre de Iaufenius veulent faire fubfifter vne pernicieufe Doctrine que l'Eglife a cenfurée: que l'endurciffement de leurs cœurs les rend infenfibles aux Anathemes des Vicaires de IESVS CHRIST; qu'ils fecoüent le joug de l'obeyffance comme des enfans de Belial, qu'ils fe condamnent eux-mefmes comme Heretiques, foûtenant vne doctrine condamnée de l'Eglife,

F

Il soûtient que j'ay avancé des faussetez, lors que j'ay dit qu'auant la Constitution d'Innocent X. ils ont soustenu les Propositions dans le sens qui a esté puis après condamné, & qu'après la condamnation des Propositions, ils se sont avisez de dire qu'elles n'estoient point dans le Livre de Iansenius, & qu'on les avoit fabriquées à plaisir.

Voilà les plus grands crimes que cét Auteur m'accuse d'avoir commis dans la premiere Partie des Eclaircissemens, & pour lesquels il dit que je suis *vn calomniateur, vn imposteur public, &c.*

Il faut maintenant voir de quelle façon les Prelats de ce Royaume ont parlé de ces Theologiens Iansenistes, pour juger si l'accusation de cét Auteur est bien fondée, & s'il a raison de me traitter de calomniateur, d'imposteur &c.

Dans la Relation de l'Assemblée des Evesques de l'année 1654. il est dit que *les Iansenistes avoient inventé deux évasions pour rendre inutile la Constitution d'Innocent X. sçavoir 1. Que les cinq Propositions n'estoient point dans Iansenius. 2. Qu'elles avoient vn double sens, & qu'elles n'avoient point esté condamnées au sens de Iansenius.*

Il est dit dans la mesme Relation, *Que tant s'en faut que les cinq Propositions imposent à la Doctrine de Iansenius, ou qu'elles l'alterent, qu'au contraire elles n'en expriment pas suffisamment le venin qui est répandu dans tout ce gros Volume, lequel ne peut estre entierement compris en ce peu de paroles, qui signifient neantmoins fort sincerement la substance de sa Doctrine.*

Que lorsque le Pape declare que les opinions de Iansenius contenuës en ces cinq Propositions sont condamnées, il entend que tout ce qu'il enseigne plus amplement dans son Livre sur cela soit entierement condamné au sens qu'il l'enseigne, encore que ses Sectateurs se persuadent qu'il est orthodoxe.

Que l'on n'avoit jamais douté, avant la decision du Pape, que les cinq Propositions ne continssent l'abbregé de la Doctrine de Iansenius ; que l'on a-voit envoyé cinq Docteurs à Rome pour soûtenir cette Doctrine comme veri-table, & que l'on s'estoit avisé de mettre en doute, depuis la condamnation, ce qui avoit esté tenu pour constant auparavant, afin d'éluder par ce moyen les Decisions faites par le Pape.

Et dans la Lettre écrite par les Prelats de cette Assemblée le 28. Mars 1654. à tous les Evesques du Royaume en la maniere qui suit.

Nous avions esperé que ceux qui se professent les Sectateurs de Iansenius cesseroient d'exciter des troubles après qu'Innocent X. a frappé d'Anatheme les cinq Propositions de cét Auteur, & que l'Eglise joüiroit d'vne parfaite tran-quillité, puisque par son decret il avoit commandé au vent de s'arrester. Mais il est arrivé entierement le contraire de ce que nous attendions, & nous ne pouvons assez nous estonner qu'après que nostre tres Saint Pere Innocent X. a condamné les cinq Propositions par vne Constitution tres-équitable & tres-sainte, & avec des termes tres-clairs & tres-exprés, ces personnes osent as-seurer & tâchent de persuader aux autres deux choses qui n'ont aucun fon-dement : la premiere que les cinq Propositions ne sont point de Iansenius : la seconde qu'elles ont esté condamnées en vn sens qui n'appartient en rien à Ian-senius.

En suite après avoir declaré que les cinq Propositions sont de Iansenius, & qu'elles ont esté condamnées au sens de Iansenius, ils adjoûtent que s'il

y en a qui ofent foûtenir le contraire, il feront mis au nombre de ceux
que le Pape Innocent X. appelle dans fa Conftitution *Contredifans, & re-
belles*, & contre lefquels il ordonne de proceder par Cenfures & autres
peines qui font ordonnées par le Droit contre les Heretiques.

Les Prelats de l'Affemblée generale de 1656. dans la Lettre au Pape Alexandre VII. parlent en ces termes.

*Les Difciples de la nouvelle Secte employent les mefmes artifices que les
anciens Heretiques : & de plus, encore bien qu'ils continuent de foûtenir avec
opiniaftreté que les cinq Propofitions ne font point de Ianfenius, neantmoins
pour détourner de leurs teftes le coup de la foudre Apoftolique, ils tâchent
de porter la difpute à vne queftion de fait, en laquelle ils difent que l'Eglife
peut faillir.*

N. S. P. le Pape Alexandre VII. dans fa Conftitution du mois d'Octo-
bre de la mefme année fe plaint,

*Que quelques enfans d'iniquité ont l'affeurance de foûtenir au grand fcan-
dale de tous les fideles Chreftiens, que ces cinq Propofitions ne fe trouvent point
dans le Livre de Ianfenius, mais qu'elles ont efté feintes & forgées a plaifir.*

Ie laiffe plufieurs autres chofes qui fe lifent fur ce mefme fujet dans les
Actes des autres Affemblées du Clergé de France, pour n'ennuyer pas le
Lecteur, je me contenteray d'adjoufter icy vn Extrait des Lettres Patentes
du Roy du mois d'Avril 1664. pour faire voir de quelle maniere fa Ma-
jefté a parlé des Sectateurs de Ianfenius.

En voicy les termes.

*La Conftitution d'Innocent X. ayant efté receuë avec refpect par tous les
Evefques de noftre Royaume, qui la firent publier chacun dans l'eftendüe de
fon Diocefe, en conformité des ordres que nous fifmes expedier fur ce fujet;
Les Sectateurs de la Doctrine de Ianfenius, au lieu de fe foûmettre au jugement prononcé par le Chef de l'Eglife, & accepté par les Evefques, recher-
chent toutes fortes d'artifices, foit pour en diminuer l'autorité, ou pour en eluder l'execution. Dans ce deffein ils firent diftribuer vn écrit, dans lequel ex-
pliquant les cinq Propofitions en trois fens differens, ils fouftenoient hardiment
que le Pape ne les avoit pas condamnées dans le fens qui leur eft naturel, &
felon lequel ils pretendoient les avoir deffendües : mais cette premiere tentative
ne leur ayant pas réüffi, tant parce que les plus groffiers en apperceurent auffi-
toft l'illufion, qu'à caufe que le Pape declara ouvertement qu'il avoit condamné ces Propofitions dans le fens auquel Ianfenius les avoit avancées &
fouftenuës : Les Auteurs de ces nouveautez ont paffé dans vne autre extre-
mité, & ils fe font efforcés par divers écrits de perfuader que les Propofitions
condamnées n'ont point efté enfeignées par Ianfenius, & qu'elles ne fe trouvent
point dans fon Livre : & quoy que d'abord ils les ayent deffendües avec chaleur, & qu'ils ayent entrepris de les faire paffer pour des veritez Orthodoxes,
& pour les plus conftantes maximes de la Doctrine de Saint Auguftin, ils les
ont neantmoins depuis defavoüées, comme des Propofitions fabriquées à plaifir,
& comme des chimeres que l'on auroit fuppofées.*

Il declare puis apres.

*Que le concours des puiffances Ecclefiaftique & Seculiere n'a pas efté fuf-
fifant pour reduire les Difciples de Ianfenius à retratter de bonne foy les erreurs que l'Eglife a reprouvées par vn confentement vnanime; & bien loin de*

deferer au jugement de leurs Superieurs, il a assez paru que les Declarations qu'ils ont faites d'accepter les Constitutions, & de s'y soûmettre, n'ont eu rien de sincere, & qu'elles ont esté en effet desavoüées, & par leurs discours & par les écrits qu'ils ont incessamment publiez, dans lesquels écrits ils se sont efforcez de persuader tantost que leur Doctrine estoit celle de Saint Augustin, tantost que leurs sentimens estoient entierement conformes à ceux de saint Thomas: & cette opiniastreté a passé si avant, que suivans la trace des Heresiarques des siecles passés, ils ont continué d'insinuer, & d'enseigner en secret leur doctrine, & ils ont qualifié de violence & de persecution les procedures legitimes & regulieres qui ont esté tenuës, pour, s'il eust esté possible, les reduire à leur devoir.

Il adjouste en suitte.

L'on ne peut douter que ceux qui cherchent differens pretextes pour ne point signer le Formulaire, ne contribuent encore à fomenter les divisions de l'Eglise qui pourroient avec le temps en produire dans l'Estat, & qu'ils ne soient du moins fauteurs d'Heresie, en ce qu'ils appuyent par leur resistance vne Doctrine condamnée par les Constitutions de deux Papes, par les Suffrages des Evesques, &c.

Et peu apres.

Cette desobeïssance si formelle, & si opiniastre aux ordres des puissances legitimes, telle qu'elle paroist par les écrits qui se debitent tous les jours, est vne hardiesse insupportable, & vne rebellion manifeste, qui doit estre punie suivant les Canons dans le for exterieur avec toute la severité que les Loix Civiles & Canoniques prononcez contre les Fauteurs d'Heretiques, & les Perturbateurs du repos public.

Voylà donc en quels termes le Roy a parlé des Sectateurs de Iansenius: ils sont conformes à ceux que les Papes ont employez dans leurs Constitutions, & les Prelats dans leurs Lettres, & dans les Actes de leurs Assemblées.

Ie veux croire que si l'Auteur du Memoire y eut fait attention, il ne m'eust pas reproché d'avoir avancé des faussetez, quand il eut consideré que je n'ay rien dit qui ne se trouve inseré dans ces pieces authentiques. Il ne m'eust pas aussi chargé d'injures, il ne m'eust pas appellé *calomniateur, imposteur public, écrivain seditieux, perturbateur de la paix de l'Eglise, vn homme sans foy, sans honneur, sans conscience.* Puisque toutes ces injures retombent sur ces augustes personnes, n'ayant rien dit qu'ils n'ayent dit devant moy, & encore moins qu'ils n'ont dit.

Ie pourrois avec toute sorte de raison faire voir que c'est luy qui est coupable, de tout ce qu'il me reproche contre toute verité & justice: Mais j'ay appris du Prince des Apostres de ne rendre pas injure pour injure, ny malediction pour malediction; mais plûtost de prier Dieu qu'il luy ouvre les yeux, pour connoistre l'estat perilleux où il s'est engagé; afin qu'avec le secours de la grace, il en sorte, & que par vne veritable penitence & vne soûmission sincere à son Eglise, il se rende enfin digne de son eternelle benediction.

CHAP.

CHAPITRE VII.

Eclaircissement du veritable sujet des contestations presentes.

L'Avtevr du Memoire & les autres Ecrivains de son party font comme les mauvais plaideurs, qui se voyans pourfuivis en Iuftice, & con-
noiffant le defaut de leur caufe, employent toute leur induftrie pour la déguifer & pallier : ils ne répondent jamais directement aux raifons de leurs
parties adverfes, ils forment des debats fur des fujets qui ne font point en
queftion, & tâchent par tous moyens de mettre les affaires dans la confu-
fion, pour empécher qu'on ne connoiffe la verité.

I'avois dit dans la premiere partie de ces Eclairciffemens que le fujet des
contestations prefentes fe reduifoit à vn feul point, fçavoir fi les Sectateurs
de Ianfenius vouloient toûjours s'obftiner à foûtenir la Doctrine d vn livre
que l'Eglif a condamné comme H retique. Ce qui eft fi veritable, que
pourveu qu'ils veüillent abandonner ce mauvais livre, & condamner fincerement la Doctrine Heretique qu'il contient, les contestations cefferont
auffi toft, la paix fera renduë à l'Eglife , & les efprits fe trouveront parfaitement reünis.

Mais l'Auteur du Memoire me reproche qu'en parlant de la forte *je ne
fais qu'obfcurcir ce que ie difois vouloir éclaircir , & que ie ne fçay pas,
ou que ie fais femblant de ne pas fçavoir, ce qui eft proprement & vniqne-
ment en contestation.* En fuitte de quoy il dit que les Theologiens de fon
party *condamnent la Doctrine qui a efté condamnée comme Heretique fous le
nom de Ianfenius : & qu'ils la condamnent en tous les livres où elle fe trouve.*
Il n'eft pas queftion du nom de Ianfenius, mais du livre de Ianfenius.
On ne parle point pour le prefent des autres livres qui peuvent contenir
vne mauvaife Doctrine, mais du feul livre de Ianfenius, dont l'Eglife a
pris connoiffance, & dans lequel elle a trouvé vne Doctrine Heretique
qu'elle a condamnée. Il s'agit donc de fçavoir fi les Ianfeniftes veulent
toûjours perfifter avec obftination de fouftenir la Doctrine de ce livre que
l'Eglife a condamnée, ou s ils veulent acquiefcer à fon jugement & foufcrire à cette condemnation. Il faut refpondre directement oüy, ou non : &
non point chercher des échapatoires, ny employer des equivoques pour
couvrir fon erreur & fa defobeïffance. *Si le Seigneur eft le vray Dieu,* difoit Elie parlant aux Samaritains, *confeffez-le ouvertement, & rendez-luy vn
fouverain honneur : Si vous reconnoiffez Baal pour voftre Dieu, donne{
vous à luy pour le fervir.* On pourroit dire quelque chofe de femblable à
l'Auteur du Memoire , & à ceux de fon party. A quoy bon tous ces dé-
guifemens & toutes ces tergiverfations ! Si vous croyez que l'Eglife foit la
colomne de verité, & que le jugement qu'elle a porté de la Doctrine du livre de Ianfenius foit infaillible, foûmettez-vous y fincerement. Si vous
penfez que Ianfenius foit plus éclairé que toute l'Eglife , que la Doctrine
de fon livre foit inconteftable, foûtenez-là ouvertement. C'eftoit là le fentiment du feu fieur Pafchal, qui eftoit autant à eftimer pour cette franchi-

G

se, qu'il s'estoit rendu digne de blâme pour tous ses pernicieux écrits.

Mais qu'est-il necessaire de demander aux Iansenistes qu'ils se declarent, puisque le refus qu'ils font de condamner le livre de Iansenius en souscrivant le Formulaire, fait assez connoistre l'attache qu'ils ont à la mavuaise Doctrine de ce livre.

C'est donc la Doctrine contenuë dans le livre de Iansenius qui fait le principal & l'vnique sujet de nos contestations : il est notoire que toutes les divisions qui tombent dans l'Eglise depuis plus de vingt années ne sont arrivées qu'au sujet de la Doctrine contenuë dans ce mauvais Livre. Avant que ce Livre eut esté mis au jour tout estoit tranquille dans l'Eglise, nous n'avions à combattre dans la France sur le sujet de la Foy que les seuls Calvinistes plusieurs d'entre-eux commençoient de rendre les armes de leur obstination, & à reconnoistre la verité ; & il y avoit lieu d'esperer que les autres suivroient bien tost leur exemple. Mais l'esprit de mensonge, envieux de nostre bon heur, a jetté ce pernicieux Livre comme vne pomme de Discorde entre les Catholiques pour les diviser.

Quoy que cela soit notoire à vn chacun, neantmoins pour le faire voir encore plus clairement, & pour convaincre plus fortement l'Auteur du Memoire, & tous ceux qui ont quelque liaison avec luy, il ne faut que considerer de quelle façon les Evesques ont parlé : qu'elles ont esté les plaintes qu'ils ont faites dans leurs Lettres, & dans les autres Actes de leur Assemblées contre les Sectateurs de Iansenius.

Dans la premiere Lettre au Pape Innocent X. souscrite par quatre-vingts cinq Evesques en l'année 1652. il est dit, *Qu'il y avoit dix années que la France estoit troublée à cause du Livre Posthume, & de la Doctrine de Cornelius Iansenius Evesque d'Ypre.*

Dans vne autre Lettre écrite au mesme Pape l'année suivante par les Archevesques & Evesques assemblez à Paris, il est dit, *Que les disputes touchant la Doctrine de ce Livre qui avoient pris naissance en Flandres s'estoient aussi allumées en France, & menaçoient d'vn grand embrasement toutes les parties de l'Eglise : que cette contagion commençoit à faire vn grand ravage dans les ames.*

Toutes les Constitutions des Souverains Pontifes qui sont venuës en suitte, toutes les autres Lettres des Evesques, declarent vniformement & constamment, que la Doctrine du Livre de Iansenius a esté condamnée dans les cinq Propositions : que ces Propositions contiennent en substance les plus pernicieuses erreurs respandües dans tout le Livre ; & autres termes semblables, qui font assez clairement connoistre que l'intention principale des Papes & des Evesques a esté de proscrire le Livre de Iansenius, & de condamner comme Heretique la Doctrine qu'il contient.

Si donc les Sectateurs de Iansenius ne veulent point reconnoistre que la Doctrine de ce Livre soit Heretique ; si au contraire ils pretendent qu'elle soit Orthodoxe & Catholique, il est manifeste que le veritable sujet des Contestations qui restent avec eux est touchant la Doctrine du Livre de Iansenius, & que toutes les distinctions de fait & de Droit, ne sont que des inventions & des evasions pour eluder la condemnation portée contre la Doctrine de ce Livre.

Et ce qui fait connoistre encore plus evidemment qu'il en est ainsi, c'est que pourveu qu'on leur laiſſe la liberté de retenir & ſoûtenir la Doctrine de ce Livre, ils demeureront d'accord de tout le reſte, ils condamneront les Propoſitions en tous les autres Livres, mais à condition qu'on ne touchera point à celuy-là, & que l'Egliſe n'en prendra aucune connoiſſance pour la cenſurer; car quoy qu'elle faſſe, & de quelque façon qu'elle s'y prenne, ils ne veulent point ſe ſoûmettre à ſon jugement pour ce point, comme ils l'ont ſouvent declaré; & ſi on s'en rapporte à eux, le Livre de Ianſenius eſt comme celuy de l'Apocalypſe, fermé de ſept Sceaux, il n'eſt permis à perſonne de le voir & de l'entendre qu'aux Preſtres qui ont eſté à Port Royal; c'eſt d'eux ſeuls qu'on peut apprendre avec certitude les myſteres qu'il contient, les Papes, les Eveſques, les Docteurs ont vn voile devant les yeux, qui les empeſche de connoiſtre les ſecrets, & de gouſter la Manne cachée dans la Doctrine de ce Livre.

C'eſt donc le ſeul Livre de Ianſenius qui eſt la cauſe de toutes les diviſions que nous voyons dans l'Egliſe, c'eſt la Doctrine qu'il contient qui donne lieu à toutes les conteſtations preſentes. Et comme, ſuivant la parole du S. Apoſtre, il ne peut y avoir aucun accord entre la lumiere & les tenebres, entre IESVS CHRIST & Belial, il ne faut auſſi jamais eſperer aucune paix ny vnion dans l'Egliſe, qui eſt animée de l'eſprit de verité, pendant qu'il y aura dans ſon enceinte des perſonnes qui s'obſtineront à ſoûtenir la Doctrine d'vn Livre qu'elle condamne comme plein d'erreur & d'impieté, il faut pour avoir la paix que ce mauvais Livre ſoit exterminé de l'Egliſe, ou que, ſelon le ſouhait du meſme Apoſtre, *abſcindantur qui nos conturbant.*

CONCLVSION.

L'Auteur du Memoire, & tous ceux qui ſoûtiennent avec luy la Doctrine de Ianſenius, ſont tres-inſtamment priez par la conſideration de la charité de IESVS-CHRIST, qui a ſur toutes choſes recommandé l'vnion entre les Fideles, de faire attention ſur ce qui leur eſt repreſenté en cette Concluſion, & de voir ce qu'ils y doivent répondre, non tant devant les hommes que devant Dieu.

C'EST vne maxime communément receuë, que pour guerir vn mal il faut en connoiſtre la cauſe, afin d'y appliquer le remede qui luy eſt convenable. Le Schiſme eſt ſans doute l'vn des plus grands maux qui puiſſe affliger l'Egliſe; c'eſt pourquoy pour remedier efficacement à celuy dont elle eſt menacée depuis long-temps, qui va ſe formant & s'augmentant tous les jours, au ſujet de la Doctrine du Livre de Ianſenius, il eſt neceſſaire de rechercher quelle en eſt la vraye cauſe.

Ie ne pretends rien dire ſur ce ſujet qui puiſſe bleſſer ni offenſer perſonne; je ne veux point parler des émulations, envies, & jalouſies qui ont pû contribuer beaucoup à cette des-vnion; je laiſſe à part les autres mauvaiſes diſpoſitions de quelques eſprits, auſquelles il y auroit lieu d'imputer vne grande partie de ce mal; mon deſſein eſt de ſuivre les penſées, non-ſeu-lement les plus charitables, mais meſmes les plus favorables à ceux qui té-moignent plus d'attache à la Doctrine de Ianſenius, & de leur donner vne ouverture facile, honorable, & avantageuſe pour ſe reünir à leurs freres, & ſe mettre en eſtat de n'avoir plus, comme dit le S. Apoſtre, qu'vn cœur & qu'vne bouche pour glorifier Dieu avec eux, & pour rendre l'honneur & le ſervice qu'ils doivent à ſon Fils noſtre Seigneur Iesvs Christ.

Voyons donc ce qui retient ceux qui penſent avoir raiſon de ne ſe point ſeparer des ſentimens de Ianſenius; s'ils veulent avoüer ſincerement la ve-rité, ils ne diſconviendront pas que c'eſt l'opinion qu'ils ont conceuë, que cét Auteur a fidelement rapporté dans ſon Livre les veritables ſentimens de S. Auguſtin, touchant la matiere de la Grace, & que ce S. Docteur n'ayant rien mis par écrit ſur ce ſujet qui n'ait eſté approuvé par pluſieurs Souve-rains Pontifes, & reconnu veritable & orthodoxe par toute l'Egliſe, ils ſe ſont perſuadez qu'ils devoient conſtamment ſoûtenir la Doctrine de Ianſe-nius, puiſque c'eſtoit la Doctrine de S. Auguſtin, & par conſequent la Do-ctrine de l'Egliſe Catholique; & qu'ils ne pouvoient s'en départir, ni la con-damner, ſans manquer au premier devoir d'vn Chreſtien, qui eſt de demeu-rer ferme & inébranlable en ſa foy.

C'eſt pour cela qu'ils ont cherché tous les moyens poſſibles pour évi-ter cette neceſſité, qui leur a ſemblé bien dure, qu'on leur a voulu im-poſer de condamner la Doctrine de Ianſenius, en ſouſcrivant le Formulai-re, & reconnoiſſant que les Propoſitions condamnées avoient eſté tirées de ſon Livre.

Voilà, comme il me ſemble, la raiſon la plus plauſible, & le fondement le plus ſpecieux de tout le procedé qu'ont tenu ceux qui ſoûtiennent la Doctrine de Ianſenius.

Comme donc j'ay rapporté ſincerement ce qui eſt le plus conforme à leurs ſentimens, je les prie de conſiderer devant Dieu ce que je vay leur repre-ſenter avec la meſme ſincerité, & ſans autre deſſein que de leur rendre vn ſervice qui ſoit vtile à leur ſalut.

En premier lieu, pour ce qui eſt de la Doctrine de S. Auguſtin ſur les matieres de la Grace, nous ne ſçaurions mieux apprendre ce qu'il en faut tenir, que dans l'Epiſtre du Pape Celeſtin aux Eveſques de France, qui contient la premiere & la plus autentique approbation des Livres de ce S. Docteur, dans leſquels ce Souverain Pontife fait la diſtinction des Dogmes qui appartiennent à la foy, qu'il reduit à vn fort petit nombre d'avec plu-ſieurs autres queſtions, qu'il nomme *difficiles & profondes*, que ce grand S. a traitté dans ſes écrits contre les Heretiques, que ce Pape ne juge pas ne-ceſſaire d'approuver : ce qui fait manifeſtement connoiſtre deux choſes, l'vne que l'on n'eſt point obligé de reconnoiſtre pour verité de foy dans les écrits de S. Auguſtin ſinon ce que l'Egliſe ſoit par la bouche de ce Pape ou de ſes Succeſſeurs, ſoit dans les Conciles receus par l'Egliſe, comme dans celuy d'Orange, & dans le dernier Concile general de Trente, a declaré & dé-finy comme tel.

L'autre que la Doctrine de ce S Docteur eſtant tres-profonde, elle ſe trouve en certains lieux environnée de grandes obſcuritez; ce qui a donné lieu à pluſieurs Heretiques de s'en ſervir, quoy que contre toute raiſon,

pour

pour appuyer à leurs erreurs. C'eſt pourquoy il faut aller la ſonde à la main dans la lecture des ouvrages de ce grand Docteur, il faut avoir beaucoup de deffiance de ſes propres lumieres, & vne grande ſoûmiſſion au jugement de l'Egliſe, pour ne mettre pas ſa foy, & ſon ſalut au hazard.

En ſecond lieu, quand bien on demeureroit d'accord que toute la Doctrine de S. Auguſtin, ſur le ſujet de la Grace, eſt vne Doctrine qui appartient à la Foy : qu'autant de paroles qui ſe liſent dans ſes Livres, ſont autant de veritez qu'il faut croire ; qui eſt-ce qui peut aſſeurer que Ianſenius ait bien entendu le veritable ſens de S. Auguſtin ? les plus grands & les plus ſçavans Theologiens de l'Egliſe, qui ont veſcu dans les Siecles paſſez, ſe ſont trouvez ſouvent partagez & oppoſez les vns aux autres touchant l'intelligence du vray ſens de ce S. Docteur, & peut-eſtre que ny les vns & les autres ne l'ont pas bien entendu en pluſieurs endroits de ſes écrits.

Quelle certitude donc peut on avoir que Ianſenius ne ſe ſoit point trompé dans l'intelligence du veritable ſens de S. Auguſtin ? veu meſme qu'il en doute dans ſon Epiſtre liminaire, où il reconnoiſt qu'eſtant homme il a pû s'abuſer ſur des matieres ſi difficiles ; & que d'ailleurs les Eveſques de France ayant examiné ſon Livre avec toute la diligence poſſible, declarent qu'il a mal entendu & mal expliqué la Doctrine de S. Auguſtin, & que deux Souverains Pontifes ont declaré le meſme par leurs Conſtitutions ? Aprés cela, en quel hazard expoſe-t-on la Foy, en voulant ſoûtenir la Doctrine de Ianſenius, dont luy-meſme témoigne n'eſtre pas bien aſſeuré, & que toute l'Egliſe condamne.

La Foy d'vn Chreſtien doit eſtre appuyée ſur vn fondement certain & infaillible, autrement elle ne merite plus le nom de Foy ; ce n'eſt plus qu'vne opinion & vne preoccupation d'eſprit. Or je prie ceux qui ont attaché leur creance à la Doctrine de Ianſenius, ſe perſuadant que c'eſt la Doctrine de S. Auguſtin, de ſonder & examiner quel eſt le fondement de leur Foy, & ſurquoy ils l'appuyent, voyant d'vn coſté que Ianſenius doute, & de l'autre que l'Egliſe condamne comme hereſie ce qu'ils croyent comme verité.

Mais comment peut-on s'aſſeurer que Ianſenius ait bien entendu S. Auguſtin, puis qu'aujourd'huy on veut conteſter, aux Papes, aux Eveſques meſmes ; & aux Docteurs Catholiques qu'ils n'ont pas bien entendu Ianſenius ? Ses Defenſeurs pretendent que ce n'eſt qu'vne queſtion de fait ; Sçavoir ſi ceux qui ont condamné la Doctrine de ſon Livre l'ont bien ou mal entenduë ; De ſorte que ſelon leurs principes, ce n'eſt auſſi qu'vne queſtion de fait ſi Ianſenius a bien ou mal entendu Saint Auguſtin, & par conſequent, il n'y a aucune aſſeurance ny certitude en tout ce qu'il a pretendu rapporter de la Doctrine de ce Saint Docteur : d'où il s'enſuit que la foy de ceux qui s'attachent à Ianſenius, ne ſe trouve fondée ny appuyée que ſur vne queſtion de fait.

Cependant c'eſt de la vraye Foy que dépend noſtre ſalut, ſans cette vraye Foy il eſt impoſſible de plaire à Dieu, comme le S. Apoſtre le declare ; toutes les aumoſnes, tous les jeuſnes, & toutes les autres bonnes œuvres qu'on peut faire ſont inutiles pour la vie eternelle ſi elles ne ſont fondées ſur la Foy, & quand bien on ſouffriroit le martyre, il ne ſerviroit de rien ſans la Foy.

Ceux qui ſe voyent en peril de s'égarer, prennent des guides auſquels ils fe laiffent conduire ; or en peut-on trouver de plus affeurez pour ne fe point détourner du chemin de la verité & du falut, parmy tous les hazards où l'on eft expofé durant le pelerinage de cette vie, que ceux à qui Dieu confié a la conduite de fon Eglife ?

Dans les voyages que l'on fait fur la Terre c'eft prudence de recevoir en bonne part les avertiffemens que l'on donne pour fe remettre dans le droit chemin, lorfque l'on s'en eft détourné. Et dans les fentiers de la Vie Chré-tienne c'eft, non feulement agir avec fageffe, mais mefme c'eft rendre gloi-re à Dieu de confeffer qu'on à pû fe tromper dans fes voyes, c'eft reconnoî-tre qu'il n'y a que Dieu feul qui foit infaillible par luy mefme; que l'Eglife ne participe à cette perfection que par la communication de fa lumiere & de fa grace; & que ce n'eft point par la force de noftre efprit, ni par l'é-tenduë des fciences que nous avons acquifes, mais feulement par le fecours de fa Mifericorde, que nous connoiffons la verité.

Saint Auguftin a efté fans doute l'vn des plus grands efprits, & des plus fçavants Docteurs que Dieu ait donnez à fon Eglife : Il a fait prefque au-tant de Miracles qu'il a compofé de Livres, pour defendre la Foy Catholi-que contre les ennemis de la Verité : Mais on peut dire avec raifon que le plus grand de tous fes miracles, & le plus admirable de tous fes Ou-vrages, eft le Livre qu'il a compofé de fes *Retractations*. Il n'y a point de doute que toutes les victoires qu'il a remportées fur les Heretiques, ne luy font point fi glorieufes, que celle qu'il a gaignée fur luy-mefme, en faifant ce qu'on ne lit point qu'aucun autre Docteur ait jamais fait, qui eft de confeffer publiquement, par écrit, à la face de toute l'Eglife, qu'il avoit failly en divers endroits de fes Ouvrages; & qu'il avoit manqué de difcer-nement & de lumiere, dans la connoiffance, & dans l'expreffion de la ve-rité : & non content d'avoir fait cét âveu en general, il a voulu remarquer en particulier fes fautes, & les retracter & corriger avec les paroles les plus humiliantes qu'il ait pû choifir.

Certainement vn acte d'humilité fi parfaite, fi admirable, & fi heroïque, luy a acquis incomparablement plus de gloire devant Dieu & devant les hommes, que tout ce qu'il eut pû dire ou faire pour fe juftifier, ou pour donner vn bon fens à ce qu'il avoit écrit.

Voylà vn bel exemple pour ceux qui fe difent fes Difciples, qui ne doi-vent point avoir honte de fuivre celuy qu'ils reconnoiffent pour leur Maiftre. Il ne tiendra qu'à eux de fe rendre fes imitateurs, & de faire vne fincere & genereufe reconnoiffance, qui leur feroit fans doute plus honorable & plus avantageufe, que tout ce qu'ils pourroient alleguer pour leur iufti-fication.

Que fi toutefois quelques fentimens humains, ou quelques refpects du monde leur oftent le courage de franchir ce pas, d'avoüer qu'ils ont failly, au moins ceux qui jufques icy les ont écoutez & fuivis, doivent bien pren-dre garde en quels precipices ils les menent, pour fe retirer au pluftoft d'vne conduitte fi perilleufe, & fe remettre dans la voye par laquelle tous les Saints ont heureufement marché. C'eft la voye d'humilité, de foûmiffion & d'obeïffance à l'Eglife, dans laquelle feule on trouve la verité, & la vie, & par laquelle feule on peut enfin parvenir au falut eternel.

F I N.